ÉCOSOPHIA

Bertrand Séné

ÉCOSOPHIA

Roman d'anticipation économique

Photo et couverture : Jean-Luc Faure - www.artifis.fr

Éditeur : BoD – Books on Demand,
12/14 rond-point des Champs-Élysées, 75008 Paris

Impression : BoD – Books on Demand, Allemagne

ISBN : 978-2-322-15788-4

Dépôt légal : mai 2017

Merci à Anne-Laure, Florence,
Jean-Luc, Jean-Philippe,
Philippe, Rachel
et mes parents
pour leur aide précieuse.

« On ne résout pas un problème

avec les modes de pensée qui l'ont engendré. »

Albert EINSTEIN

AVERTISSEMENT

L'héroïne de ce roman, Sophia, vous paraîtra peut-être étonnamment cultivée pour son âge.

Mais n'oubliez pas une chose : l'histoire se déroule en 2050 et le système éducatif a totalement changé.

À un point que nous sommes incapables d'imaginer aujourd'hui...

CHAPITRE 1

L'ALIMENTATION

Juillet 2050. Dans un petit village d'Auvergne, entre forêts et montagnes. Sophia, douze ans, passe quelques jours de vacances chez ses grands-parents.

Le grand-père de Sophia se promenait dans le magnifique jardin qui se trouvait derrière sa somptueuse demeure bioclimatique, humant le parfum voluptueux des fleurs, quand il aperçut sa petite-fille qui revenait à vélo à travers champs.

— Je suis allé voir oncle Édouard à la ferme des cailloux blancs, lui cria-t-elle de loin. Il y a un petit agneau qui est né ce matin.

Sa grand-mère accourut aux nouvelles et demanda à Sophia si elle voulait goûter. Sophia lui répondit « oui » distraitement, l'esprit encore tout absorbé par cet agneau si fragile et mignon qu'elle venait de voir. Puis son grand-père les rejoignit.

— Dis, grand-père, ça fait combien de temps qu'oncle Édouard vit à la ferme ?

— Quinze ans, à peu près. Avant, il travaillait en ville, et puis, comme beaucoup de gens, il a décidé de s'installer à la campagne et de cultiver la terre, à un moment où on commençait sérieusement à manquer d'agriculteurs.

— Et comment il a fait pour trouver cette ferme ?

— Eh bien, il a défini le plus clairement possible son projet d'installation à la campagne, il a déposé son intention sur Internet et il est tombé sur plusieurs propositions correspondant à ses souhaits. Il est allé visiter les fermes et il a choisi celle-là.

— Et ensuite c'est vous qui avez choisi de vous installer dans la région, près de sa ferme.

— Oui, car nous voulions vivre à la montagne et voir grandir nos petits-enfants.

— Dis, grand-père, notre professeur d'histoire nous a dit qu'autrefois, quand on voulait réaliser un projet, par exemple vivre dans une ferme comme oncle Édouard, c'était beaucoup plus difficile.

— C'est vrai. En fait à l'époque, pour réaliser un projet, il fallait avoir suffisamment d'argent pour le faire.

— Je ne comprends pas ce que tu veux dire.

— Eh bien, à l'époque, pour pouvoir faire quoi que ce soit, par exemple acheter une ferme, des terres ou du matériel agricole, il fallait généralement avoir de l'argent d'avance. Et pour avoir de l'argent d'avance, il fallait en avoir mis de côté lorsque l'on travaillait ou en avoir reçu en héritage.

— Mais alors très peu de gens pouvaient réaliser leurs projets.

— C’est vrai. Cependant lorsque vous aviez un peu d’argent de côté, les banques pouvaient vous prêter en complément la somme qui vous manquait pour réaliser votre projet. Néanmoins vous deviez rembourser cette somme à la banque dans les années suivantes, en payant en plus un petit pourcentage appelé intérêt. Et par conséquent seuls les personnes solvables et les projets rentables pouvaient être financés par les banques.

— Solvables ? Rentables ? Ça veut dire quoi, grand-père ? demanda Sophia, qui entendait ces mots étranges pour la première fois.

— Ce sont des notions qui ont complètement disparu de notre vocabulaire, car les règles de la comptabilité ont totalement changé depuis. À l’époque, pour emprunter de l’argent, il était indispensable d’être capable de rembourser le prêt. Les banques sélectionnaient donc les projets en fonction de leur capacité à rapporter de l’argent en quantité suffisante pour rembourser les emprunts. On ne sélectionnait donc pas un projet en fonction de son utilité pour la collectivité mais en fonction de sa capacité à attirer de l’argent.

— Et aujourd’hui comment on sélectionne les projets ?

— Eh bien en fait aujourd’hui, on sélectionne les projets en fonction de leur utilité pour la collectivité, des besoins locaux, des ressources locales, des compétences présentes sur place, mais une chose est certaine : il y a toujours suffisamment d’argent pour réaliser tous les projets sélectionnés et considérés comme utiles à la collectivité. L’idée que l’argent puisse manquer pour réaliser des projets est pourtant une idée qui a perduré de façon étonnante pendant très longtemps. Elle aurait pourtant dû disparaître quand l'argent est devenu immatériel, car on pouvait dès lors en créer en quantité illimitée. Il aurait suffi de le décider. Et cela aurait évité que beaucoup de gens se retrouvent sans activité alors même qu'ils souhaitaient vivement travailler.

— Tu peux me dire quand même plus précisément comment on sélectionne les projets aujourd'hui ?

— Certainement. Par exemple, imaginons que tu veuilles comme oncle Édouard t'installer à la campagne et cultiver la terre, eh bien on va voir si cela correspond à un besoin, c'est-à-dire si on a besoin de produire telles ou telles denrées alimentaires. Si oui, on va te donner les moyens de le faire, en mettant à ta disposition des bâtiments, des terres et des machines. Tu n'auras rien à acheter puisque tu te mets au service de la collectivité.

— C'est aussi simple que cela ?

— Mais oui. Tu sais autrefois, la plupart des agriculteurs héritaient de la ferme de leurs parents et ils n'avaient donc rien à acheter pour commencer leur activité. Dans l'agriculture, l'héritage familial a donc souvent été simplement remplacé par des subventions publiques dans les dernières décennies. Pour le plus grand bienfait de la société. En effet, chaque année, oncle Edouard comble une partie des besoins alimentaires de la communauté et en échange, sa production est valorisée par la collectivité à la hauteur du service qu'il rend. Comme la nourriture est considérée comme un des biens les plus précieux, les heures qu'il consacre à prendre soin des plantes et des animaux sont hautement valorisées.

— Tu dis ça comme si c'était surprenant. Mais c'est normal qu'il soit généreusement récompensé pour ce qu'il fait.

— Tu as raison. Mais autrefois, il arrivait que certains agriculteurs produisent à perte, et qu'ils soient obligés d'arrêter leur activité pour des raisons financières.

Sophia regarda son grand-père avec stupéfaction. Elle ne comprenait pas comment cela était possible, et surtout elle ne comprenait pas que les humains aient pu à une époque pas si lointaine concevoir des systèmes et des règles de vie en société aussi absurdes. D'ailleurs il lui arrivait régulièrement de penser que son grand-père exagérait et que tout cela n'avait pas pu vraiment exister. C'est pourquoi elle le regarda en fronçant les sourcils avec suspicion, l'air de dire : « tu te moques de moi ? ».

Mais son grand-père était on ne peut plus sérieux.

— Quand j'étais jeune, lui expliqua-t-il, mon parrain élevait des porcs et, certaines années, le prix auquel on lui achetait ses porcs était tellement bas que ça ne lui permettait même pas de couvrir ses frais. Il était donc obligé d'emprunter de l'argent à la banque pour pouvoir poursuivre son activité.

— Mais pourquoi les prix étaient-ils aussi bas ?

— Eh bien à l'époque il existait un marché mondial des produits agricoles, et le prix de chaque produit était fixé en fonction de l'offre et de la demande mondiales. Si à un moment donné la production de porcs était excessive par rapport à la demande mondiale, alors le prix pouvait baisser fortement, jusqu'à provoquer des faillites dans les élevages de porcs. Certains considéraient d'ailleurs que la variation des prix permettait d'adapter l'offre à la demande, et que c'était donc un bon système. En fait je crois qu'on s'en contentait tout simplement parce que l'on n'avait pas encore inventé d'autres systèmes de régulation de l'offre et de la demande. Tant que l'on n'a pas inventé de meilleur système, on arrive toujours à justifier le système existant, c'est le cours normal de l'évolution humaine. Mais dès qu'un système meilleur se répand, on se demande comment on avait pu accepter et supporter le système précédent. C'est ce qui s'est passé avec l'esclavage.

— Et comment le système a-t-il évolué ?

— En fait, il existait déjà depuis un certain temps des systèmes qui permettaient de garantir certains prix aux agriculteurs. Dès la fin du XIXe siècle, il existait des contrats à terme permettant aux agriculteurs de garantir dès les semailles le prix auquel ils pourraient vendre leurs récoltes. Puis au milieu du XXe siècle, certains États notamment en Europe et aux États-Unis ont mis en place des systèmes extrêmement complexes pour garantir des prix ou des revenus aux agriculteurs. Mais tous les prix n'étaient pas garantis. Et surtout, le problème restait entier et terrible pour un grand nombre de pays du Sud notamment où les prix n'étaient pas garantis. Les petits paysans y avaient des revenus excessivement faibles malgré toute l'énergie qu'ils mettaient à prendre soin de leur production. Et cela bien souvent parce que les sociétés de négoce international leur imposaient des prix extrêmement faibles. C'est alors qu'est née à la fin du XXe siècle l'idée du commerce équitable, qui devait permettre aux petits paysans des pays du Sud de retirer de leur activité des revenus décents.

— Notre professeur d'histoire nous a dit que l'idée du commerce équitable avait révolutionné les rapports entre producteurs et acheteurs, en remplaçant les rapports de force par des rapports de respect humain.

— Très jolie formulation. C'est tout à fait cela. En fait, avant que l'idée du commerce équitable n'apparaisse, la principale préoccupation des commerçants et des consommateurs semblait être de trouver le prix le plus bas. C'était l'obsession des grandes surfaces qui voulaient vendre moins cher que leurs concurrentes pour attirer un maximum de clients, et pour ce faire elles étaient prêtes à tout. Vraiment à tout. Il y a des tas de films qui racontent comment les grandes surfaces négociaient les prix avec les producteurs !... Quand le commerce équitable est arrivé, il ne s'est pas imposé tout de suite, mais on a commencé à prendre conscience que certains producteurs n'étaient pas rémunérés correctement, qu'ils travaillaient même parfois à perte ou dans des conditions misérables. Et les produits du commerce équitable se sont tellement développés que cette pratique est devenue une évidence et qu'elle a remplacé l'imposition de prix iniques aux producteurs : il est devenu inconcevable de payer un produit alimentaire en dessous de son coût de production !

—C'est une question de bon sens !

— Eh oui ! Mais quand on croit tellement aux vertus de la variation des prix en fonction de l'offre et de la demande, on en finit par oublier le bon sens élémentaire. Mais oublions cela, c'est du passé ! Petit à petit, on a donc pris conscience que la juste valorisation des activités humaines devait passer avant le prix. Mais il restait un obstacle de taille : beaucoup de gens avaient des revenus très faibles, et pour eux la question des prix restait essentielle.

— Et comment a-t-on résolu cela ?

— C'est une autre question que nous verrons demain, si tu le veux bien.

— D'accord, grand-père.

Et sur ce, Sophia partit jouer au fond du jardin avec le petit chat de ses grands-parents qui n'avait que quelques mois et qui s'amusait à courir dans tous les sens après la petite balle que lui lançait Sophia. Elle rit beaucoup, bien éloignée déjà de tous les problèmes dont venait de lui parler son grand-père. La vie pour elle n'était qu'un grand jeu dont elle profitait à chaque instant.

CHAPITRE 2

REVENUS, PRIX ET SALAIRES

Le lendemain, dès l'aurore, le grand-père de Sophia partit se promener dans la campagne, toujours émerveillé par les couleurs magnifiques du lever de soleil qui illuminaient la fraîche rosée. Il aimait cette sensation vivifiante de l'aube qui le reconnectait à la beauté du monde, et s'il avait consacré une grande partie de sa vie à l'économie, il se sentait tout autant contemplatif. Un rien lui suffisait pour se sentir comblé.

Quand il revint à la maison, il avait donc un sourire ravi sur les lèvres et la vue de sa femme prenant soin de sa petite-fille à la table du petit déjeuner ne fit que rajouter à son état de gratitude envers la vie.

Pourtant sa vie n'avait pas toujours été remplie de bonheurs. Il avait même connu de grandes souffrances. Mais ce qu'il avait accompli avec ses amis ne pouvait que le laisser satisfait et en paix. Car tout de même, quels progrès avait fait l'humanité depuis sa jeunesse !

C'est Sophia qui le tira soudain de son état de grâce, en lui posant la première question du matin :

— Grand-père, tu m'as dit que tu me raconterais aujourd'hui comment on a résolu le problème des gens qui avaient des revenus faibles et qui recherchaient donc en permanence les prix les plus bas possibles.

— Je vois que tu n'as pas oublié la promesse que je t'ai faite. Eh bien sache que ce dont je vais te parler aujourd'hui fut une immense révolution dans l'histoire de l'humanité.

— Et ton grand-père n'y est pas pour rien, reprit fièrement la grand-mère, qui avait beaucoup d'affection et d'admiration pour son mari, qui le lui rendait bien.

— Disons que j'y ai effectivement participé avec un grand nombre de personnes partout dans le monde. Mais pour bien comprendre ce qui s'est passé, il faut remonter à l'histoire de la formation des prix, c'est-à-dire à l'origine de la monnaie.

Sophia parut soudain tout excitée. Elle adorait l'histoire car elle avait l'impression de voyager à travers le temps, et elle s'imaginait vivant à d'autres époques dans des lieux inconnus, dans des ambiances exotiques. C'était pour elle une source inépuisable de délectation. Elle dévorait les romans historiques comme d'autres ceux de science-fiction.

Son grand-père commença son récit :

— À l'origine, la monnaie fut utilisée pour faciliter les échanges…

Sophia l'interrompit :

— Je sais grand-père, nous avons eu un cours sur l'histoire de la monnaie, et nous avons même visité le musée de la monnaie. Mais je n'ai vu que des petits objets en or, en argent, des coquillages, des bouts de papier, et tout cela ne nous a pas dit comment la pauvreté a été supprimée.

— Très bien, alors je vais aller directement au cœur de la question. Quand les gens commencèrent à utiliser de la monnaie pour échanger, ils devaient trouver un prix, c'est-à-dire une quantité de monnaie qui convenait à l'acheteur et au vendeur. Ce prix était donc négocié et il n'y avait pas de prix fixe, invariable ou éternellement juste. Le prix variait en fonction de tout un tas d'éléments : la rareté relative du produit proposé, sa qualité, la demande plus ou moins forte pour ce produit, la capacité du vendeur à embobiner l'acheteur, etc. Pendant très longtemps, tous les prix sont restés en permanence négociables et on voyait cela notamment sur les marchés, où les gens passaient du temps à négocier. C'était encore le cas dans les souks des pays arabes il y a quelques années et ça déroutait beaucoup les touristes occidentaux habitués à des prix fixes et non négociables chez leurs commerçants. Tant que le vendeur était un petit artisan indépendant (comme c'était souvent le cas dans les souks), il paraissait juste qu'il décide du prix auquel il acceptait de vendre le produit de son travail. Mais dès l'instant où des personnes embauchèrent d'autres personnes pour travailler pour elles, alors tout changea.

— Mais pourquoi ? demanda innocemment Sophia, qui ne voyait pas du tout où il voulait en venir.

— Tout simplement parce que ces personnes avaient intérêt à payer leurs employés le moins possible. Par exemple, les seigneurs ou les rois qui embauchaient des serviteurs avaient intérêt à les payer le moins possible, car ils représentaient pour eux un coût, une dépense qui devait être la plus limitée possible par rapport à leurs recettes. De même, les patrons qui créaient une entreprise avaient intérêt à payer leurs ouvriers ou leurs employés le moins possible, car ils devaient limiter au maximum le coût de la main-d'œuvre pour pouvoir vendre au prix le plus bas possible leurs produits par rapport à leurs concurrents.

— C'est pour cela que les ouvriers et les employés avaient très peu de moyens, renchérit Sophia, qui avait compris où il voulait en venir.

— Exactement. Mais ce qui est le plus fou, et ce que tu as peut-être du mal à te représenter aujourd'hui, c'est que ce discours sur le coût de la main-d'œuvre qui doit être le plus bas possible était d'une banalité et d'une normalité affligeantes il y a quelques années encore. Il a fallu une révolution conceptuelle gigantesque pour que cela apparaisse contraire au bon sens et à l'intérêt de tous.

— Et comment cela est-il arrivé ?

— Comme toujours, progressivement. Déjà au début du XXe siècle, le fondateur d'une entreprise d'automobiles, Henri Ford, avait compris que si on ne payait pas suffisamment les ouvriers, ceux-ci seraient incapables d'acheter les produits que les entreprises fabriquaient : il fallait donc que leur salaire soit suffisant pour leur permettre d'acheter un certain nombre de choses. Mais comme les salaires restaient un coût, c'était une équation sans véritable solution. Ce fut l'objet de négociations permanentes entre patronat et syndicats, ces derniers paralysant bien souvent toute la production par des grèves pour obtenir de meilleurs salaires. Mais les deux parties restaient en permanence - et à juste titre - insatisfaites, car le système n'était pas optimal pour la société dans son ensemble : les patrons auraient eu intérêt à ce que leurs salariés soient le plus riches possible pour pouvoir vendre un maximum de produits, mais souvent ils ne pouvaient pas les payer plus du fait de la concurrence. Vers la fin du XXe siècle, un phénomène nouveau vint aggraver la situation : la mondialisation des échanges conduisit de nombreuses entreprises à délocaliser leur production vers des pays où le coût de la main-d'œuvre était plus faible. Beaucoup d'usines fermèrent en Europe et aux États-Unis, et la production fut délocalisée en Chine, en Inde, etc. Et la concurrence internationale renforça la pression sur le coût de la main d'œuvre, à un moment où les salariés étaient en position de faiblesse dans les négociations salariales du fait du chômage massif. Ainsi entre 1975 et 2025, les salaires augmentèrent peu en Occident et la course aux prix bas fut renforcée. Mais d'où venait l'erreur systémique et comment pouvait-on résoudre ce problème ? En fait, c'est un nouveau système d'échanges, appelé SEL, pour Système d'Échange Local, qui apporta les premiers éléments de solution. En effet ce système, élaboré au Canada dans les années 1980, permettait à un groupe de personnes d'échanger des biens et des services sans avoir besoin de la monnaie officielle. Il fonctionnait grâce à un système de comptabilité en crédit mutuel.

— Ah oui, je connais ça, intervint Sophia. Quand on fait un échange, on détermine ensemble un prix : celui qui offre un bien ou un service voit son compte crédité de 100 unités par exemple et celui qui bénéficie du bien ou du service voit son compte débité de 100. On a plusieurs jeux de société qui utilisent ce système.

— Je sais, dit grand-père, car la plupart de ces jeux ont été créés par des gens avec qui je travaillais.

— Ah bon, mais tu ne me l'avais jamais dit ça !

— Mais je ne te dis pas tout !

— Ton grand-père est très modeste, mais il a participé à de grands changements, tu sais, lui dit fièrement sa grand-mère.

Sophia qui voulait connaître le fin mot de l'histoire, reprit :

— Et alors, qu'est-ce que les SEL ont révolutionné ?

— Eh bien, en pratiquant les échanges dans les SEL, on s'est aperçu que l'on pouvait très bien échanger en ayant un compte négatif. Et que dans l'économie officielle, beaucoup d'échanges ne se réalisaient pas parce qu'on s'interdisait d'avoir un compte négatif.

— Je ne comprends pas, dit Sophia, en fronçant les sourcils.

— C'est normal, car la loi a changé : à l'époque, une des règles fondamentales les plus répandues à travers le monde était que chaque personne devait avoir un solde positif sur son compte. De même pour chaque entreprise. Ce qui incitait à mettre de l'argent de côté pour faire face aux dépenses futures. Néanmoins, lorsqu'on avait une difficulté de trésorerie passagère mais surmontable, on pouvait demander à sa banque une autorisation de découvert, une facilité de caisse ou un prêt à court terme. Mais si on restait durablement avec un solde négatif sur son compte, alors on se retrouvait vite dans une situation illégale et les sanctions pouvaient être terribles : interdit bancaire pour un particulier, dépôt de bilan pour une entreprise. Ainsi, un entrepreneur pouvait se voir interdire la poursuite de son activité pour des raisons financières, quand bien même cette activité restait utile à la société.

— Mais c'est fou !!! réagit Sophia, qui était choquée par les propos qu'elle entendait. Tu veux dire que cette règle-là conduisait à arrêter des activités utiles ? Mais c'est débile ?!?

— Doucement, Sophia. Il y avait une raison à cela. On estimait à l'époque que si une activité n'était pas rentable, si elle ne rapportait pas assez d'argent pour couvrir les frais, c'est qu'elle n'était pas suffisamment utile. On s'est rendu compte par la suite en faisant des études à grande échelle que c'était parfois le cas, mais que c'était loin d'être toujours le cas. Et nombre d'entreprises qui avaient fait faillite s'avéraient pourtant très utiles. Bien souvent elles avaient fait faillite à cause du mode de financement, par exemple des emprunts trop élevés qu'elles n'arrivaient pas à rembourser dans les temps, mais pas par manque de clientèle.

— C'est donc à cause des emprunts qu'elles faisaient faillite ?

— Assez souvent, oui. C'est pourquoi la façon dont oncle Édouard s'est installé à la campagne est pour moi un immense progrès. Autrefois, n'ayant pas de parents fermiers, il aurait dû s'endetter pour acheter la ferme, les terres, les semences et le matériel, et rien ne dit qu'il aurait pu un jour rembourser tout cela. Il aurait probablement fait faillite et dû quitter la ferme avec des dettes à rembourser, malgré tout le travail qu'il aurait fourni.

— Mais je ne vois toujours pas le rapport avec les salaires.

— Je vois que tu n'as pas perdu le but de notre conversation d'aujourd'hui. Eh bien vois-tu : on a pris conscience que cette règle de comptabilité toujours positive et le financement des activités par l'emprunt avaient des effets destructeurs sur la société et l'économie. Et une nouvelle discipline de recherche est née : on a inventé de nouveaux modèles de comptabilisation des échanges, de financement des activités et de valorisation des richesses. Ce à quoi on a abouti paraîtrait proprement stupéfiant à un habitant de la terre du début du XXIe siècle : ce qui semblait à l'époque normal, évident, inévitable, paraît aujourd'hui incongru, absurde, contraire au bon sens commun. Par exemple, aujourd'hui les parents qui prennent du temps pour prendre soin de leurs enfants, veiller sur eux, les élever, voient cette activité valorisée comme n'importe quelle autre activité. Au début du siècle, ce temps précieux n'était absolument pas valorisé.

— Ok, mais quelle révolution y a-t-il eu concernant les salaires ? reprit Sophia, qui ne voulait pas lâcher l'affaire.

— Eh bien, lorsqu'on s'est aperçu que l'on pouvait valoriser les choses de manière complètement différente, que l'on pouvait créer de nouveaux modes de financement des activités, on s'est rendu compte que l'on pouvait déconnecter complètement les revenus des prix. Au début, quand cette idée a été lancée, cela paraissait totalement absurde, puisqu'il semblait que les prix étaient en gros la somme de tous les salaires impliqués dans la fabrication d'un produit (si l'on inclut les salaires des fournisseurs et de ceux qui produisent les outils et les matières premières). En effet les matières premières, les objets, ne touchent jamais de rémunération ! Leur prix devrait donc simplement être le reflet du travail qu'il a fallu fournir pour les extraire ou les produire. Mais on s'est aperçu que si les prix reflétaient en gros le nombre d'heures de travail incluses dans le process de fabrication, ils incluaient également d'autres éléments comme les coûts de financement, le coût des terrains ou des bâtiments abritant l'activité, la présence ou l'absence de concurrents sur un marché, etc.

— Mais je croyais que le prix correspondait à un certain nombre d'heures de travail.

— Aujourd'hui oui, car nous avons réussi à exclure les modes de financement du calcul des prix. Par conséquent, aujourd'hui le prix représente le temps de travail global qu'il a fallu pour réaliser un bien ou un service. Et les prix sont d'ailleurs exprimés en heures de travail. Mais la rémunération des ouvriers et des employés, elle, n'est plus seulement fonction des heures de travail : certes, ils touchent un salaire qui est fonction de leur temps de travail, mais ils touchent aussi d'autres formes de rémunération liées à la qualité de leur travail, au temps qu'ils prennent pour prendre soin de leurs enfants ou des personnes âgées, etc. Ce qui fait que désormais, ils ne sont plus obsédés par le prix le plus bas mais sélectionnent les produits et services qu'ils achètent en fonction de leur qualité, du respect de l'environnement, du respect des personnes qui ont contribué à sa production, bref d'un certain nombre de critères qui ont à leurs yeux autant d'importance que le prix. Et cela a été rendu possible du fait des revenus complémentaires aux salaires qui ont permis d'augmenter le bien-être de la population dans son ensemble.

— Tout cela me paraît tout à fait normal, je ne vois pas ce qu'il y a d'extraordinaire, répliqua un peu sèchement la petite fille.

— C'est parce que tu es née dans ce monde-là, lui répondit son grand-père un peu vexé. Mais lorsque nous fîmes cette proposition, on nous prit pour des fous : on s'était tellement habitué à un monde de prix et de salaires que cela paraissait être aussi naturel que la loi de la gravité. Et surtout on n'arrivait pas à voir comment faire autrement. Tous les repères avec lesquels on vivait depuis des siècles explosaient d'un coup. C'était très perturbant. Et cela ne résolvait pas tout. Loin de là. Désormais, il nous fallait trouver de nouvelles règles pour répartir les richesses.

— Qu'est-ce que tu entends par là ?

— Eh bien, tu sais, auparavant les sources de revenus étaient très variées : la plupart des gens percevaient un revenu fixe chaque mois (salaire pour les actifs et pension pour les retraités), certains avaient des revenus variables (honoraires pour les professions libérales, bonus ou variable pour les salariés), certains percevaient des revenus de placements financiers ou immobiliers, voire ponctuellement un héritage. De toute évidence, on ne pouvait pas dire que le revenu de chacun correspondait à sa contribution à la société.

— Mais c'est très injuste, ça ! dit Sophia, qui comme la plupart des enfants avait un sens aigu de la justice.

— C'est vrai, mais tu sais, chaque chose a sa raison d'être. Tant que les marchés financiers étaient considérés comme un moyen efficace de financer les entreprises et les États, il paraissait normal que certains tirent des revenus des placements financiers. Et on considérait qu'ils rendaient service à la société en répondant à un besoin de financement. C'est pourquoi ce type de revenus, qui a aujourd'hui totalement disparu du fait de l'évolution des modes de financement, était à l'époque tout à fait légitime. Ce qui n'empêchait pas les critiques, car l'on pouvait considérer comme injuste que certains aient les moyens de vivre sans avoir à travailler : c'est ce qu'on appelait des rentiers, qui tiraient leurs revenus de loyers ou de placements.

— C'est quoi des loyers, papy ?

— Voilà encore une chose qui a disparu. Cela va me donner l'occasion de te raconter comment nous avons modifié les modes de financement des logements. Ce fut là encore une grande révolution. Mais pour le moment, nous allons déjeuner. Je te raconterai cela après la sieste.

— Mais, je ne fais plus de sieste ! protesta Sophia

— Toi peut-être, mais moi j'ai besoin de faire une sieste après le déjeuner, dit son grand-père en souriant.

Sophia rentra donc avec son grand-père dans la maison, où sa grand-mère les attendait. Elle avait préparé une belle salade de légumes du jardin.

CHAPITRE 3

LES LOGEMENTS

Vers 15h, Sophia vint chercher son grand-père, car elle avait hâte d'apprendre comment il avait contribué à la métamorphose du fonctionnement de l'économie.

— Alors, papy, tu devais me parler du financement des logements et des loyers.

— Oui, à l'époque, on pouvait accéder à un logement soit en l'achetant, soit en le louant. Dans le premier cas, il fallait payer une somme gigantesque à l'ancien propriétaire pour devenir soi-même propriétaire du logement, et la plupart du temps il fallait emprunter une très grosse partie de la somme auprès d'une banque, que l'on remboursait tous les mois. Dans le deuxième cas, on payait un loyer mensuel au propriétaire du logement.

— Mais il habitait où le propriétaire du logement, dans ce cas ?

— Autre part. Il est vrai que c'est difficile à imaginer pour toi, puisque désormais tout le monde est propriétaire de son logement. Mais à l'époque, de nombreuses personnes étaient propriétaires d'un ou de plusieurs logements qu'elles louaient. Ce qui n'était pas sans poser de problèmes. En effet, elles avaient intérêt à faire le moins de frais possible pour maintenir le logement de leurs locataires en bon état et cela conduisait souvent à des conflits entre propriétaires et locataires.

— Je ne comprends pas...

— Eh bien, les propriétaires avaient l'obligation légale de maintenir en bon état le chauffage, les sanitaires, l'isolation, la toiture, etc. Et ils avaient intérêt à dépenser le moins d'argent possible pour cela. À l'inverse, l'intérêt des locataires était que tout fonctionne parfaitement chez eux. Là encore, on se retrouvait avec des intérêts contradictoires et inconciliables, sauf bonne volonté des deux parties. Mais de façon systémique, ça ne pouvait mener qu'à des conflits. Ce n'est pas que les propriétaires ou les locataires fussent malintentionnés, c'est juste que le système ne permettait pas d'arriver à satisfaire pleinement les deux parties. C'est pourquoi nous avons proposé de supprimer la location des logements. Ce qui fut fait grâce au rachat par la collectivité de tous les logements loués.

— Mais je croyais que les logements appartenaient tous à leurs habitants ?

— Oui, car la collectivité les a immédiatement revendus à leurs occupants, qui ont bénéficié de prêts bancaires dont les mensualités sont simplement venues remplacer les loyers pour un montant égal ou inférieur. La collectivité a donc juste servi d'intermédiaire afin de contraindre les propriétaires de logements loués à les revendre à un prix raisonnable. Et désormais, elle joue également ce rôle d'intermédiaire entre vendeurs et acheteurs dans toutes les transactions immobilières afin de contrôler les prix, ce qui a permis de supprimer la spéculation immobilière, et donc les bulles immobilières qui ont eu des conséquences catastrophiques dans le passé.

— C'est quoi une bulle immobilière ?

— Autrefois, chaque propriétaire était libre de vendre son logement au prix qu'il voulait. En théorie du moins. Car en réalité, il était obligé de le vendre au prix auquel il trouverait un acheteur consentant. Par conséquent, la vente se faisait de gré à gré.

— Comme sur les marchés des pays arabes, intervint Sophia.

— Exactement. Le vendeur et l'acheteur se mettaient d'accord sur le prix.

— Mais comment était fixé le prix ?

— C'est là que ça devient intéressant. À l'époque, le prix d'une maison neuve était la somme du prix du terrain et du coût de construction de la maison. Le coût de construction était totalement lié à des heures de travail (celles des artisans, de l'architecte, des ouvriers qui ont extrait les matériaux, etc.). À l'inverse, le prix du terrain n'avait aucun rapport avec un quelconque travail et il était très variable d'un endroit à un autre. En effet, le prix du terrain était très élevé dans les endroits les plus recherchés et quasi nul dans certains lieux désertés. De la même manière, le prix des logements anciens variait énormément d'une ville à une autre en fonction de leur attractivité, contrairement aux coûts de construction qui, eux, étaient à peu près partout les mêmes à l'intérieur d'un pays. Ainsi, la ville la plus attractive était à l'époque Paris, et c'est donc là que les prix de l'immobilier étaient les plus élevés en France.

— Tu veux dire que le prix des logements était fonction de la demande ?

— Oui. Mais également de l'offre. Car si une ville ne pouvait pas s'étendre, comme c'était le cas de Paris, alors l'offre de logements ne pouvait pas augmenter, à moins de construire de grandes tours à la place des petits immeubles. À l'inverse, certaines villes comme Montpellier ont pu s'étendre et accroître le nombre de logements de façon spectaculaire au début du siècle. Mais ce phénomène de rareté relative et localisée de l'offre par rapport à la demande était compensé par un éloignement forcé des populations les moins riches des lieux les plus recherchés : en clair, les moins riches étaient contraints de se loger loin des zones où ils auraient aimé vivre. La libre variation du prix des logements en fonction de l'offre et de la demande avait donc pour vertu d'inciter chacun à accroître ses revenus afin de pouvoir vivre là où il le souhaitait. D'un certain point de vue, cela pouvait donc sembler juste et efficace pour l'ensemble de la société. Malheureusement, dès lors que l'on autorise une variation des prix en fonction de l'offre et de la demande, on risque toujours de donner libre cours à des phénomènes de spéculation et donc à des bulles.

— Mais pourquoi ?

— Premièrement, comme je te l'ai dit, il y avait à l'époque beaucoup de propriétaires qui louaient des logements qu'ils avaient achetés. Par conséquent, ils achetaient des logements pour gagner de l'argent : c'était un placement financier. Et la meilleure façon de gagner de l'argent rapidement était, non pas de toucher des loyers, mais de pouvoir revendre ce même logement beaucoup plus cher. Par conséquent ils avaient intérêt à ce que le prix de vente des logements augmente. De même, les propriétaires occupant leur logement avaient intérêt à pouvoir un jour revendre leur logement plus cher qu'ils ne l'avaient acheté. Et certains étaient prêts à payer un logement cher et à emprunter beaucoup d'argent dans l'espoir de faire une plus-value. Dès lors, les vendeurs arrivaient à trouver des acheteurs à un prix élevé. Et tant que les prix augmentaient, vendeurs, acheteurs et revendeurs étaient gagnants. Les banques fournissaient les prêts immobiliers et nourrissaient cette bulle jusqu'au jour où on se rendait compte que les prix étaient vraiment trop élevés par rapport aux revenus réels des ménages qui permettaient de payer les loyers ou les mensualités de remboursement des prêts, et la bulle éclatait : les propriétaires n'arrivaient plus à vendre leurs logements, sauf à accepter de lourdes pertes, et ceux qui avaient acheté à un prix élevé et qui comptaient sur la revente de leur logement pour rembourser leurs lourds crédits immobiliers se retrouvaient en situation de surendettement pour de nombreuses années.

— Mais c'est affreux.

— D'autant plus affreux que personne n'est vraiment coupable dans cette affaire. Bien sûr, certains diront que c'est la faute des banquiers qui auraient dû être plus vigilants, mais quand tout le monde est optimiste et gagne de l'argent, il est bien difficile de se montrer prudent et inquiet, et de refuser un prêt. La vérité, c'est qu'il s'agit là encore d'un problème systémique : dès lors que vous autorisez la libre variation des prix des logements en fonction de l'offre et de la demande, vous vous exposez à un risque de spéculation et de bulle. C'est inhérent à ce type de biens.

— Pourquoi ? Je ne comprends pas ?

— Eh bien parce que le prix des logements anciens est totalement déconnecté du coût du travail. Quand, sur un marché arabe, acheteur et vendeur négociaient le prix d'un objet, l'artisan connaissait son coût de fabrication, il savait combien de temps il avait fallu pour le faire, et il savait donc en dessous de quel prix il ne voulait pas descendre. De son côté, l'acheteur a toujours intérêt à ce que le prix soit le plus bas possible et il peut comparer avec la concurrence, ce qui pousse le prix à la baisse. Par ailleurs, et c'est là un élément fondamental, dans la plupart des cas, il va utiliser cet objet pour son usage personnel et non pour le revendre. À l'inverse, pour ce qui concerne l'immobilier, dès lors qu'on achète un bien que l'on peut revendre plus cher, dès lors que le prix de ce bien est fortement déconnecté de son coût de fabrication, qu'en outre les banques financent quasi intégralement ce bien et qu'elles accordent beaucoup plus facilement des crédits dans des périodes où les prix de l'immobilier augmentent, ce qui renforce l'augmentation des prix, alors tout pousse à une augmentation des prix que rien ne peut arrêter jusqu'au jour du krach. Le même phénomène se reproduisait d'ailleurs à l'identique sur les marchés d'actions à l'époque.

— C'est quoi les marchés d'actions, papy ?

— Un vieux système de financement des entreprises qui a disparu et dont je te parlerai un autre jour. Mais pour revenir au financement des logements, nous avons donc proposé que la revente des logements se fasse par l'intermédiaire d'une institution publique, de façon à éviter la spéculation immobilière. Ainsi les prix restent sous surveillance.

— Mais tu ne m'as pas dit que les prix des logements étaient plus élevés dans les villes où les gens rêvaient de vivre ?

— Ça reste toujours le cas. Les prix des logements restent toujours très différents entre Paris et un petit village isolé au fin fond de la France, comme le nôtre. Mais ce qui a été supprimé, c'est uniquement le phénomène des bulles immobilières, c'est-à-dire une variation des prix des logements sans rapport avec l'évolution de l'offre et de la demande, et qui était contraire à l'intérêt collectif. Et pourtant, beaucoup de gens ont manifesté contre la suppression de la liberté de fixation des prix de vente des logements.

— Pourquoi, papy ?

— Tout simplement parce qu'il est très agréable de gagner beaucoup d'argent sans rien faire, dès lors qu'on a la chance de pouvoir revendre un logement beaucoup plus cher que le prix auquel on l'a acheté. Qui résisterait à cette tentation ?

— Mais l'argent doit se gagner en rendant service aux autres ! s'indigna Sophia.

— Aujourd'hui, oui. Mais à l'époque, il existait bien d'autres moyens de gagner de l'argent, et bien souvent sans rendre aucun service à la collectivité, par exemple en faisant une plus-value immobilière...

— Mais pourquoi cela était-il autorisé si cela n'apportait rien à la société ?

— Tu sais, à l'époque, on croyait que la liberté de fixation des prix avait de grandes vertus, notamment parce qu'elle était censée permettre d'équilibrer l'offre et la demande. Or si on observe le marché de l'immobilier, la chose est loin d'être évidente. En effet, la demande de logements est fonction de l'évolution de la population. Et il est absolument indispensable que l'offre soit légèrement supérieure à la demande, du fait des déménagements, pour que tout le monde ait un logement. Or la seule variation du prix des logements existants ne permet nullement de fournir à chacun un logement : si la population augmente, il faut construire de nouveaux logements, ce qui prend du temps (souvent plusieurs années entre la conception et les dernières finitions) et doit donc être planifié par la collectivité en fonction des perspectives démographique locales. Autre spécificité de l'immobilier : il existe des zones où on peut encore construire beaucoup de logements neufs et d'autres où il n'y a quasiment plus de terrains libres pour cela. La seule vertu de la variation des prix des logements est donc d'attirer les moins riches vers les zones les moins attractives, où les prix des logements seront les moins élevés. Ça permet donc de répartir la population. Mais on pourrait très bien imaginer d'autres systèmes de répartition : en fonction du lieu de travail par exemple ou bien par tirage au sort. Néanmoins le système de répartition des logements en fonction de la richesse a été préservé car on a considéré que c'était une motivation forte pour travailler. D'autant plus qu'aujourd'hui on ne travaille plus pour « gagner son pain ».

— « Gagner son pain » ? Ça veut dire quoi, papy ?

— Eh bien, comme tu le sais, une des choses les plus vitales pour un être humain est de se nourrir. Et pendant longtemps, la première raison pour laquelle on travaillait, c'était pour pouvoir nourrir sa famille. On disait donc qu'on travaillait pour « gagner son pain » ou « gagner sa croûte ». Mais aujourd'hui, après avoir généralisé un accès gratuit aux soins, nous avons donné un accès inconditionnel à la nourriture.

— Heureusement, dit Sophia. On ne va tout de même pas laisser des gens mourir de faim.

— Ça te paraît évident. Mais on a longtemps pensé que si on donnait un accès inconditionnel à la nourriture, alors il n'y aurait plus de motivation pour travailler, puisque ça avait été la motivation principale pendant des siècles. Or la réalité, c'est que dans les pays les plus riches, la part consacrée à l'alimentation ne représentait plus que 15 à 20 % du budget des ménages au début de ce siècle contre 30 à 40% au milieu du XXe siècle. Par conséquent, l'alimentation n'était plus, et de loin, la motivation principale pour travailler. À l'inverse, la part consacrée aux dépenses de logement représentait entre 25 et 30% du budget des ménages au début du siècle dans les pays riches (contre 15 à 20% au milieu du XXe siècle). Il nous semblait donc évident que le logement devait rester la motivation principale pour travailler, d'autant plus que si le budget nourriture reste toujours limité, car on ne peut pas manger plus que ce qui nous rassasie, à l'inverse on peut toujours rêver d'avoir un meilleur logement, plus grand, mieux situé, plus calme, avec un jardin, dans un bel environnement, etc. Par conséquent, on pourrait dire aujourd'hui qu'on travaille non plus pour « gagner son pain », mais pour vivre dans le logement de ses rêves.

— Comme toi, papy, avec ta maison bioclimatique !

— En fait, le logement n'est qu'une motivation parmi d'autres, plus ou moins forte selon les gens. Dans mon cas, ma motivation principale pour travailler fut de contribuer à améliorer le sort de l'humanité. Ce travail m'a permis de gagner beaucoup d'argent et ainsi de construire cette demeure dans un lieu de rêve. Et beaucoup de gens travaillent par passion : ils aiment leur métier, et c'est leur motivation principale. Ce qui ne les empêche pas d'essayer de gagner plus d'argent pour améliorer leurs conditions de vie, et notamment leur logement.

— Et comment on fait pour avoir un meilleur logement ?

— Comme je te l'ai dit, acheter une nouvelle maison ou un nouvel appartement coûte extrêmement cher, et la plupart des gens n'ont pas assez d'argent d'avance pour pouvoir les payer sans emprunter. Par conséquent, les crédits sont absolument indispensables au financement de l'immobilier, que ce soit pour le rachat de logements anciens ou pour la construction de logements neufs. Face à la croissance de la population, il n'est pas possible de financer l'accroissement indispensable du parc immobilier autrement que par de la création monétaire ex nihilo.

— De la quoi ? demanda Sophia, qui n'avait pas réussi à répéter l'expression que son grand-père avait jetée d'un trait, comme une évidence.

— De la création monétaire ex nihilo, répéta son grand-père, qui aimait beaucoup cette expression qui était pour lui la clef de toutes ses recherches. Cela veut dire qu'on crée de la monnaie à partir de rien.

— Mais comment la monnaie pourrait-elle être créée à partir de quelque chose puisqu'elle est immatérielle ?

— Tu as parfaitement raison. Mais au début du siècle, on croyait encore que la monnaie devait venir de quelque part, que l'argent qu'on prêtait aux uns provenait nécessairement de l'épargne des autres, car pendant longtemps, l'argent fut relié à la matière, à des métaux précieux (comme l'or ou l'argent, d'où son nom). Bref je te parlerai de cela plus longuement lorsque nous verrons comment le fonctionnement des banques a été métamorphosé ces dernières décennies. Mais pour revenir à l'immobilier, je te disais donc qu'il est indispensable de créer de la monnaie pour faire face à la croissance de la population. C'est pourquoi nous avons maintenu le crédit tout en modifiant certaines règles : à l'époque, il existait des taux d'intérêt sur les crédits, et nous avons proposé de les supprimer.

— Des taux d'intérêt ? Jamais entendu parler de ça, dit Sophia.

— C'est parce que nous avons réussi à les supprimer. Mais pour cela, il a fallu modifier complètement le financement, le fonctionnement et le rôle des banques. Ce fut une des plus grandes révolutions du XXIe siècle.

— Raconte-moi ça papy, dit Sophia, qui sentait qu'elle allait découvrir un monde inconnu.

— Je te raconterai ça ce soir si tu veux bien.

— Non, non, tout de suite dit Sophia, impatiente.

— Je suis ravi de ton impatience, mais j'ai besoin de respirer un peu. Veux-tu faire un tour de vélo avec moi ?

— Oh oui, papy ! dit Sophia, qui oublia instantanément sa soif de savoir.

Et ils partirent sur les chemins, respirant à pleins poumons l'air pur de la campagne. Puis ils s'arrêtèrent pour contempler le soleil qui se couchait sur la plaine environnante : spectacle grandiose et apaisant, qui précéda une soirée mémorable au coin du feu. En effet, c'est ce soir-là que Sophia entendit pour la première fois parler de la révolution bancaire qui avait changé la face du monde.

CHAPITRE 4

LA RÉVOLUTION BANCAIRE

Après le dîner, Sophia s'assit avec ses grands-parents autour du feu qui crépitait dans la grande cheminée du salon. Fascinés par les flammes, ils restèrent un long moment en silence, jusqu'à ce que Sophia se tourne vers son grand-père.

— La révolution bancaire...? suggéra Sophia, qui osait à peine rompre le silence religieux qui régnait.

— La révolution bancaire, reprit son grand-père d'un ton empreint de profondeur. As-tu remarqué, Sophia, comme nous sommes fascinés par le feu ? Eh bien imagine-toi qu'à l'époque, beaucoup de gens étaient totalement fascinés par l'argent.

— Qu'est-ce que tu veux dire par là ?

— Eh bien, tu sais à quoi sert l'argent ?

— Oui, à faire des échanges qui permettent de satisfaire des besoins ou des désirs.

— Absolument. Et pourtant, à l'époque, on pouvait gagner de l'argent sans répondre aux besoins des autres. Est-ce que tu as déjà entendu parler des jeux d'argent ?

— Non, je ne vois pas de quoi tu veux parler.

— Et les casinos ?

— Ah oui. C'était des endroits où on jouait aux cartes et à différents jeux de chance, et où on pouvait gagner beaucoup d'argent en très peu de temps. Mais ils ont été fermés il y a quelques années.

— Exactement. Eh bien, figure-toi qu'à l'époque il existait bien d'autres moyens de gagner beaucoup d'argent en très peu de temps. Ces jeux d'argent avaient cours sur les marchés financiers : le marché d'actions pour financer les entreprises, le marché obligataire pour financer les États et les grandes entreprises, et le marché des changes pour financer les échanges de devises.

— Mais alors, ils étaient utiles. Ils servaient à quelque chose, intervint Sophia.

— Oui, de la même manière que la loterie nationale était utile pour financer l'État, tout en appauvrissant les plus pauvres.

— Je ne comprends pas.

— Je veux dire que les marchés financiers étaient un moyen facile d'attirer de l'argent pour financer certaines choses, mais que ce n'était pas un bon moyen, car non seulement il accroissait très fortement les inégalités, mais en plus il était extrêmement dangereux pour la société dans son ensemble.

— En quoi était-ce si dangereux ?

— Sais-tu ce qui s'est passé dans les années 1930 ?

— Le fascisme et la Seconde Guerre Mondiale ? suggéra Sophia.

— Oui, mais juste avant, et comme préambule, il y a eu la grande crise économique qui a pris naissance aux

États-Unis. Dans les années 1920, les États-Unis sont en plein développement économique. Ils ont l'économie la plus florissante qu'on ait jamais vue. Les migrants affluent de partout dans le monde pour profiter du miracle économique. Et pour faciliter le développement des entreprises, les autorités américaines encouragent fortement un nouveau marché, qui s'appelle la bourse : sur ce marché, on vend des actions, qui sont des parts de propriété d'une entreprise. Cela permet aux entreprises de se procurer des fonds facilement, sans être obligées d'emprunter et donc de rembourser. Pour attirer les acheteurs, qu'on appelle des actionnaires, on leur promet deux choses : premièrement, ils toucheront chaque année un dividende si la société fait des bénéfices ; deuxièmement, les actions qu'ils achètent peuvent être revendues à n'importe quel moment, et leur prix est variable en fonction de l'offre et de la demande. Et c'est là que commence le piège. Puisque le cours des actions est variable, alors beaucoup de gens vont se mettre à spéculer sur le cours des actions, à la hausse lorsque les perspectives sont bonnes, à la baisse lorsqu'elles sont mauvaises. Lorsque l'économie est florissante, comme ce fut le cas des États-Unis dans les années 1920, tous les actionnaires ont tendance à spéculer à la hausse, pleins d'optimisme. Comme les actions ne cessent de grimper, tout le monde sort gagnant. Et beaucoup de gens se mettent à emprunter de l'argent auprès des banques pour jouer en bourse. Mais un jour d'octobre 1929, un événement va inverser la tendance et tout le monde se met à paniquer. Chacun veut revendre au plus vite pour perdre le moins possible. Et de ce fait, les cours s'effondrent et il y a beaucoup de perdants. Ceux qui avaient acheté au plus haut en empruntant de l'argent se retrouvent totalement incapables de rembourser leurs emprunts, et les banques qui avaient pris des garanties se saisissent de leurs biens. Ils se retrouvent ainsi ruinés pour avoir simplement voulu jouer en bourse. De même les entreprises ont du mal à trouver de nouveaux capitaux, car de moins en moins de gens veulent investir en bourse et leurs débouchés s'effondrent du fait du surendettement et de la perte de revenus de beaucoup d'individus !... Elles-mêmes se retrouvent rapidement en faillite et elles doivent arrêter leur activité et licencier leurs employés. Des millions d'Américains se retrouvent ainsi sans travail et sans ressources à cause d'un simple jeu de spéculation : la bourse !

— Tu veux dire qu'un pays entier s'est retrouvé du jour au lendemain dans la misère uniquement à cause d'un jeu de spéculation financière ?

— Oui, et cette crise s'est répandue à travers le monde et a été en partie responsable de la montée des fascismes en Europe et de la guerre de 1939-1945 !

— Mais pourquoi ce jeu n'a-t-il pas été interdit après cela ?

— Probablement parce que c'était le moyen le plus attractif et le moins coûteux pour financer le développement des entreprises. Imagine qu'on ait supprimé la variation du cours des actions et qu'on ait limité les gains aux seuls dividendes, alors le placement aurait rapporté très peu et n'aurait pas attiré autant d'actionnaires. Les entreprises auraient eu du mal à trouver des fonds. Alors on a continué à prendre ce risque...

— Et il y a eu d'autres crises comme celle de 1929 ?

— À vrai dire, il y a eu des bulles spéculatives tout aussi impressionnantes par la suite, mais on a trouvé un moyen pour qu'elles s'effondrent moins vite : en stoppant les cotations quelques heures, pour que les actionnaires ne cèdent pas à la panique. Cependant, après chaque éclatement de bulle, les conséquences ont été les mêmes : certains actionnaires se sont retrouvés ruinés, les entreprises avaient du mal à trouver des fonds et même à emprunter auprès des banques. C'est d'ailleurs après une de ces bulles spéculatives, celle liée aux nouvelles technologies à la fin du XXe siècle, que certains créateurs d'entreprise, ne trouvant plus de fonds, ont pris conscience de l'absurdité de ce système financier et ont commencé à rechercher et à élaborer de nouveaux modèles de financement.

— Et comment a-t-on réussi à se passer des marchés financiers ?

— À vrai dire, on aurait pu le faire depuis longtemps. Mais il subsistait une croyance très forte, à savoir que l'argent devait toujours venir de quelque part. Ainsi pour financer le développement des entreprises, on croyait qu'il fallait attirer de l'épargne. On faisait donc tout pour séduire les épargnants, en leur promettant des gains élevés.

— Tu veux dire qu'on donnait de l'argent à des gens qui avaient déjà de l'argent simplement parce qu'ils avaient de l'argent pour financer les entreprises !...

— Oui, c'est un peu cela.

— Mais alors ils gagnaient de l'argent sans rien faire ! s'offusqua Sophia.

— Certes, mais à l'époque, on considérait que cette promesse de gains futurs était indispensable pour attirer l'argent dont on avait besoin pour financer les entreprises au travers du marché boursier.

— Tu dis ça comme si l'argent était une matière qu'il fallait transférer d'une personne à une autre, ou en l'occurrence d'une personne à une entreprise...

— C'est bien là le nœud du problème. Bien qu'au début de notre siècle l'argent fût déjà majoritairement dématérialisé, on continuait à le considérer comme une matière qu'il fallait transférer d'un compte à un autre : l'État se finançait en prélevant des impôts sur le compte des entreprises ou des ménages, les entreprises essayaient d'attirer de l'épargne pour financer leur développement, etc. Or dans le même temps, les banques créaient de la monnaie ex nihilo.

— Ah oui, tu as commencé à me parler de cela cet après-midi. Tu peux m'en dire plus ?

— Oui. Quand je prête de l'argent à un ami, cet argent vient de mon compte. Mais quand une banque me prête de l'argent, d'où provient cet argent ?

— Je ne sais pas.

— Eh bien, il provient... de nulle part ! Cet argent ne provient pas d'un autre compte. Il est créé ex nihilo, c'est-à-dire à partir de rien, comme par magie. Il suffit à mon conseiller bancaire de taper un montant sur son ordinateur, et l'argent est créé. C'est aussi simple que cela.

— Vraiment ?

— Oui. Ensuite, une fois cet argent crédité sur mon compte, je vais commencer à le dépenser. Et à chaque fois que je vais effectuer un achat, le montant correspondant va être viré sur le compte du vendeur. Si ce vendeur est dans la même banque que moi, alors ma banque va juste effectuer un jeu d'écritures : elle va débiter mon compte et créditer celui du vendeur. Mais si le vendeur est dans une autre banque, alors la chose peut être plus compliquée. En effet, si cette opération ne pose plus de problème aujourd'hui (il s'agit désormais d'un simple jeu d'écritures), il n'en était pas de même au début du siècle.

— Pourquoi ?

— Parce que les banques se méfiaient les unes des autres : elles avaient peur que les autres banques ne soient pas en mesure de leur transférer l'argent qu'elles leur devaient.

— Mais les virements entre banques ne sont-ils pas automatiques ?

— Aujourd'hui, oui. Mais autrefois, la chose était réellement problématique. En effet, comme les banques devaient réaliser des profits comme n'importe quelle entreprise, elles pouvaient aussi se retrouver en situation de faillite, et donc être dans l'incapacité de faire face à leurs engagements, ce qui faisait peur aux autres banques. Aujourd'hui, ce problème a disparu puisque les banques sont devenues un service public, financé par l'État.

— Effectivement, ça change tout. Mais dis-moi, papy, si elles étaient gérées comme des entreprises privées, ça veut dire qu'elles pouvaient aussi avoir des problèmes de trésorerie, parfois, comme c'est le cas pour papa avec son commerce ?

— Tu ne crois pas si bien dire. Car l'un des plus gros problèmes que rencontraient les banques, c'était le fait qu'elles risquaient à tout moment de manquer de liquidités pour pouvoir régler leurs dettes envers les autres banques. Et ce problème était aggravé par le fait qu'elles utilisaient pratiquement tout l'argent que les clients déposaient sur leurs comptes pour l'investir dans des placements plus ou moins risqués, ce qui leur laissait peu de liquidités disponibles.

— Attends ! Tu es en train de dire qu'autrefois les banques utilisaient l'argent que les gens avaient sur leurs comptes ? C'était légal ? demanda Sophia interloquée.

Son grand-père fut amusé par sa stupéfaction, tant il est vrai que le fonctionnement des banques était étrange et opaque au début du siècle.

— Oui. Autrefois, dès l'instant où tu confiais ton argent à une banque, celle-ci pouvait immédiatement l'utiliser, le placer, le prêter et le faire circuler à sa guise.

— Sans ton accord ?

— Absolument.

— Mais alors ton argent disparaissait ?

— Oui et non. La banque utilisait bien l'argent qui était censé être sur ton compte, mais le jour où tu avais besoin d'effectuer un règlement, elle s'engageait à te fournir des billets ou à effectuer un virement vers un autre compte. Ce qui l'obligeait à garder en permanence un peu de liquidités, à la fois pour acheter les billets à la Banque centrale mais aussi pour régler les échanges de virements avec les autres banques. Mais comme beaucoup d'argent « dormait » sur les comptes, notamment sur les comptes d'épargne qui étaient rémunérés, la banque était autorisée à disposer de l'argent de tous ses clients pour le rendre utile. La seule contrainte pour la banque était donc de faire un calcul statistique du taux d'utilisation quotidien des comptes pour répondre aux demandes des clients. Mais si tous les clients avaient demandé à retirer leur argent en même temps, les banques n'auraient pas pu répondre à cette demande. On appelait cela une panique bancaire et c'est arrivé quelques fois dans l'Histoire.

— Mais je ne comprends pas, dit Sophia totalement perdue, les montants sur les comptes ne sont que des chiffres. Comment des chiffres peuvent-ils disparaître ?

— Eh bien, pour comprendre cela, tu dois te souvenir qu'à l'époque, à l'exception notable de l'octroi des crédits bancaires qui se faisait par création monétaire ex nihilo, on croyait que l'argent devait toujours circuler d'un compte à un autre. Par conséquent, lorsque la banque utilisait une partie de l'argent des comptes de ses clients, cette somme était transférée sur d'autres comptes et elle n'était réellement plus disponible pour les premiers.

Pour dire les choses autrement, toute l'épargne qui avait été déposée dans cette banque n'était plus disponible instantanément, puisqu'elle avait été partiellement et provisoirement transférée sur d'autres comptes, voire dans d'autres banques.

— Mais c'est du vol ! s'offusqua Sophia.

— N'oublie pas qu'à l'époque on croyait encore à la matérialité de l'argent : par conséquent, laisser dormir de l'argent sur des comptes, c'était gâcher un potentiel d'investissement, et donc de croissance et d'emplois. L'argent était rare et difficile à trouver : dès qu'on pouvait trouver une source d'argent, on l'exploitait. C'est pourquoi l'utilisation des dépôts des comptes courants par les banques paraissait un moindre mal. En outre les banques étaient des entreprises privées qui devaient faire des profits et les placements réalisés avec les dépôts des clients était une source importante de revenus pour les banques. Bien sûr, il était préférable que le grand public ne sache pas que les comptes courants n'étaient sécurisés que statistiquement, car la sécurité statistique n'est pas quelque chose de très rassurant. Ça revient à dire : en dehors d'événements imprévus, vous pourrez toujours disposer de l'argent dont vous avez besoin sur votre compte. Oui, mais en cas de problème grave, que se passera-t-il ? Il faut avouer que c'est un système très fragile, qui ne fonctionne que dans la normalité des choses. Or comme tu le sais, il y avait énormément de crises économiques et financières à l'époque. Par conséquent, la normalité n'était pas vraiment la norme. Et c'est pourquoi nous avons proposé de sécuriser totalement les comptes courants et l'épargne. Proposition qui a été chaleureusement accueillie par tous les gens qui possédaient un compte, c'est-à-dire tout le monde, car la situation précédente les inquiétait. Et les autorités avaient beau prétendre qu'il existait un fonds permettant de garantir les dépôts jusqu'à un certain montant, peu de gens y croyaient.

— Et comment avez-vous fait pour garantir les dépôts ?

— On a tout simplement interdit aux banques d'utiliser de quelque manière que ce soit ces dépôts : désormais, seuls les clients peuvent en disposer comme bon leur semble.

— Mais ça me paraît totalement normal. Je ne vois pas ce qu'il y a d'extraordinaire.

— Tu as raison. C'est tellement normal, que même à l'époque, beaucoup de gens croyaient que leurs dépôts restaient sur leurs comptes. Mais si tel avait été le cas, alors il n'y aurait jamais eu, nulle part dans le monde, de risque de panique bancaire. Or ce risque existait partout. Ce qui prouve bien que les règles bancaires ne permettaient pas de sécuriser les dépôts à l'époque. Or cette sécurisation des dépôts, au-delà du fait qu'elle rassure tous les déposants, a aussi pour effet de régler le problème des liquidités et des virements entre banques, ce qui permet aujourd'hui de pouvoir créer de la monnaie en fonction des besoins, sans risque de crise de liquidités ou de faillite bancaire. C'est une véritable révolution.

— Parce qu'il y avait souvent des crises bancaires autrefois ?

— On vivait en permanence sous la menace d'une crise bancaire, et si l'État et la Banque centrale n'étaient pas intervenus à de multiples reprises, nous aurions subi de nombreuses faillites de banques et des crises financières et économiques dévastatrices. Dieu merci, nous avons eu la sagesse de décider démocratiquement de transformer les banques en un véritable service public, chargé du financement de l'économie et financé par la collectivité. Ce qui a aussi permis de supprimer la rémunération des comptes d'épargne et les taux d'intérêt sur les prêts.

— Mais pourquoi y avait-il des taux d'intérêt sur les prêts ?

— Pour financer les frais de fonctionnement des banques : payer les salaires des employés et les divers frais liés à l'activité bancaire.

— Mais pourquoi les banques ne créaient-elles pas l'argent pour payer leurs salariés ?

— Parce que c'était interdit : la monnaie ne pouvait être créée qu'à la demande des clients, et sous forme de prêts à rembourser. Par conséquent, les banques n'avaient pas le droit de créer de l'argent pour payer leurs propres frais.

— Et aujourd'hui, comment sont payés les salariés des banques ?

— Par la collectivité, comme les autres agents du service public. Mais il ne s'agit pas d'un monopole : comme tu le sais, différentes banques sont en concurrence les unes avec les autres pour attirer les clients et elles cherchent à avoir la meilleure réputation possible, en proposant les meilleurs services, le meilleur diagnostic, le meilleur accompagnement des projets, les financements les mieux adaptés. Et des statistiques, des systèmes d'audit, de notation et d'évaluation permettent chaque année de connaître les performances de chaque banque en termes de qualité de services et de satisfaction des clients. Cette émulation permet d'assurer une grande qualité des services bancaires. En outre, les salariés peuvent à tout moment être licenciés s'ils ne travaillent pas bien.

— Ça me paraît normal.

— Sauf qu'autrefois, en France, quand on était fonctionnaire d'État, on ne pouvait pas être licencié : on avait un emploi à vie.

— Même quand on travaillait très, très mal ?

— En général, dans ce cas, le fonctionnaire était muté à un autre poste, jugé plus adapté. Mais il était rarissime qu'un fonctionnaire soit licencié !

— C'est incroyable. Quel est l'intérêt pour la collectivité de garder quelqu'un qui fait mal son travail ?

— Aucun. C'était juste le statut des fonctionnaires à l'époque en France. Mais cela a disparu, pour le plus grand bien de tous, y compris des fonctionnaires.

— Pourquoi dis-tu : « y compris des fonctionnaires » ?

— Penses-tu que ce soit très motivant de savoir que tu garderas ton poste quoi que tu fasses ? Penses-tu que ça te donne envie de bien travailler, de donner le meilleur de toi-même ? Or je crois que l'épanouissement de chacun passe par la conscience de réaliser quelque chose d'utile de la meilleure façon possible. Par conséquent, la possibilité d'être licencié est un système de motivation très puissant qui pousse à donner le meilleur de soi-même et qui, me semble-t-il, concourt donc à l'épanouissement.

— Je veux bien te croire.

— Mais pour revenir aux salariés des banques, ils sont donc désormais rémunérés par la collectivité. Auparavant, ils étaient rémunérés grâce aux taux d'intérêt sur les prêts et aux frais que les banques facturaient à leurs clients, mais aussi à tous les placements financiers qu'effectuaient les banques. Et comme les banques ne maîtrisaient pas les taux d'intérêt, elles n'avaient pas d'autre choix que de modifier les frais bancaires et de gagner un maximum d'argent sur les marchés financiers et immobiliers, en nourrissant les bulles spéculatives. En outre, comme la plupart des banques étaient privées et cotées en bourse, elles se devaient de réaliser un maximum de profits pour attirer les actionnaires. Par conséquent, ce système poussait les banques à rechercher le plus de bénéfices possibles pour elles-mêmes, plutôt qu'à être au service de l'activité économique. À tel point que, loin de réguler l'activité économique, elles nourrissaient la surchauffe et les tensions inflationnistes dans les périodes de forte croissance et aggravaient le ralentissement de l'activité dans les périodes de crise.

— Pourquoi ?

— Parce qu'elles accordaient plus de crédits dans les périodes où les perspectives de croissance étaient bonnes. Par conséquent, leur action était procyclique, comme on dit en économie, c'est-à-dire qu'elles renforçaient la tendance à la hausse ou à la baisse. À l'inverse, aujourd'hui, les banques sont chargées de réguler l'économie, octroyant plus de prêts quand l'offre est insuffisante et moins quand elle est excessive.

— Ça paraît évident.

— Oui. Sauf qu'avant, du fait de leur statut privé, les banques ne pouvaient pas se permettre d'aller à contre-courant, car c'eût été prendre trop de risques. Elles étaient contraintes, comme n'importe quelle entreprise, de réaliser des profits chaque année. Aujourd'hui, il nous semble totalement ahurissant que les banques puissent être considérées comme une entreprise comme une autre. En effet, les banques ont une fonction très particulière au cœur de l'économie : sélectionner, accompagner et financer les projets utiles à la société dans son ensemble, sécuriser et garantir les dépôts et les transferts de compte à compte. Il ne s'agit pas d'un service comme un autre. C'est le service qui permet à tous les autres de fonctionner. Elles jouent en quelque sorte le rôle du cœur dans le corps humain : si le cœur arrête de réguler la circulation du sang, le corps meurt ; de même si les banques arrêtent de fournir de la monnaie et d'assurer les transferts de compte à compte, toute l'économie peut mourir. Les banques sont un organe vital. C'est pourquoi certaines grandes banques ont été sauvées de la faillite à plusieurs reprises grâce au concours des États.

— Parce que certaines banques pouvaient faire faillite à l'époque ? Mais que devenaient leurs clients ?

— Eh bien, au XXe siècle, dans certains pays comme les États-Unis, il y avait plein de petites banques, et si celles-ci faisaient de mauvais investissements, qu'elles prenaient trop de risques, leurs recettes pouvaient se retrouver très insuffisantes pour faire face à leurs frais : par conséquent elles se retrouvaient en faillite. Dans certains cas, leurs clients pouvaient y perdre leurs dépôts. Dans d'autres cas, elles pouvaient être rachetées par de plus grandes banques, et leurs clients devenaient simplement clients de la plus grande qui rachetait les crédits et garantissait les dépôts. Petit à petit, au cours du XXe siècle, les banques sont devenues de plus en plus grandes. Mais les grandes banques pouvaient tout autant faire de mauvais investissements, prendre trop de risques, et se retrouver en faillite. Sauf que lorsqu'une banque a plusieurs millions de clients, il est totalement impensable de la fermer du jour au lendemain. Par conséquent, pour que les banques ne fassent pas faillite, les États sont venus à leur secours lorsque cela s'est avéré nécessaire. Mais pour ce faire, les États étaient contraints d'emprunter eux-mêmes énormément d'argent sur les marchés financiers, et ces interventions ont fait exploser les dettes publiques. Et à un moment donné certains États se sont eux-mêmes trouvés surendettés.

— Mais pourquoi les États n'ont-ils pas créé de la monnaie pour faire face à cette dépense ?

— Parce qu'à l'époque les États s'étaient interdit de créer de la monnaie. Seules les banques y étaient autorisées. Par conséquent, les États n'avaient pas d'autre solution que d'aller chercher de l'argent à l'extérieur lorsqu'ils en avaient besoin, soit en prélevant des impôts et des taxes, soit en empruntant de l'argent sur les marchés financiers. Dans tous les cas, l'argent devait toujours provenir de quelque part où il existait déjà.

— Tu veux dire qu'on pouvait créer de l'argent pour le développement des entreprises privées, mais pas pour les besoins collectifs.

— Pas tout à fait, car les collectivités locales avaient le droit de faire appel à des prêts bancaires pour financer certains investissements. Mais pas l'État, qui par conséquent ne pouvait en aucune manière contribuer à la création monétaire.

— Mais pourquoi ?

— Parce qu'à une époque, certains États avaient abusé de la création monétaire pour se financer et que cela avait conduit à des situations catastrophiques d'inflation excessive et incontrôlable. C'est pourquoi vers la fin du XXe siècle, beaucoup d'États se sont interdit de pouvoir recourir à la création monétaire, par peur de tomber dans ce piège.

— Je n'ai pas compris en quoi consistait ce piège, dit Sophia, qui n'avait jamais entendu parler d'inflation incontrôlable.

— Comme le sujet de l'inflation n'est pas évident à comprendre mais qu'il est fondamental de bien le maîtriser, dès lors qu'on rentre dans l'ère de la création monétaire potentiellement illimitée, je te propose d'en parler tranquillement demain matin. Car il est temps d'aller se coucher maintenant.

Sur ce, Sophia bondit de son fauteuil et alla faire un bisou enthousiaste à son papy et à sa mamie. Et elle monta se coucher dans sa chambre, impatiente d'être au lendemain pour découvrir en quoi consistait ce piège.

CHAPITRE 5

LA MAÎTRISE DE L'INFLATION

Le lendemain matin, après le petit-déjeuner, Sophia suivit son grand-père vers le fond du jardin où se trouvait un étang.

— Sophia, as-tu remarqué quelque chose d'extraordinaire concernant l'étang ?

— Non papy, dit Sophia, surprise par la question.

— As-tu remarqué si son niveau change au cours de l'année ?

— Non, il est toujours au même niveau.

— Et tu trouves ça normal ?

— Ben oui, dit Sophia, qui ne s'était jamais posé la question.

— Eh bien, en vérité, c'est extraordinaire.

— Ah bon, mais pourquoi ?

— Eh bien, pour que cela soit possible, il faut qu'il y ait un système qui permette de stabiliser le niveau. Et ce système est fait de deux éléments : d'un côté un ruisseau qui alimente l'étang en permanence ; de l'autre une vanne qui permet d'évacuer le trop-plein et de maintenir un niveau constant. Ce système permet donc de réguler les entrées et les sorties d'eau de façon à maintenir le niveau constant, malgré de fortes variations des entrées d'eau dues à la pluie et des sorties d'eau dues à l'évaporation. Mais le système est tellement bien conçu que cela paraît normal.

— Quelque chose me dit que tu ne m'as pas montré ça pour rien, dit Sophia d'un air malicieux.

— Bien vu. Tu te souviens qu'hier, je t'ai parlé de l'inflation. Eh bien, d'une certaine manière, on peut comparer l'économie à cet étang : le niveau des prix est le niveau de l'eau ; la création monétaire peut être comparée au ruisseau qui alimente l'étang ; et la destruction monétaire se fait de deux manières : par l'évaporation automatique et incontrôlée et par la vanne qui permet d'évacuer le trop-plein et de stabiliser le niveau de l'eau.

— La destruction monétaire ? dit Sophia, surprise par ce terme.

— Oui, la destruction monétaire. Il s'agit du fait de détruire de la monnaie.

— Je savais qu'on pouvait créer de la monnaie, mais en détruire...

— Eh bien tu n'es pas la seule. Au début du siècle, beaucoup de gens ignoraient qu'on détruit en permanence de la monnaie. En effet, lorsqu'on rembourse un prêt à une banque, l'argent qu'on lui verse est immédiatement détruit (exception faite des intérêts, à l'époque où ils existaient). Cet argent n'est pas réutilisé par la banque. Il ne circule plus. Beaucoup de gens ignorent cela. Et pourtant, c'est fondamental. Car si l'argent n'était pas détruit lors du remboursement des prêts et qu'il continuait à circuler, alors la quantité d'argent en circulation augmenterait de façon exponentielle.

— Et alors, quel problème cela poserait ? demanda Sophia, inconsciente.

— Eh bien, tu sais que, comme nous sommes désormais en situation de plein emploi, la quantité de biens et de services que nous pouvons produire ne peut augmenter que dans des proportions très faibles. Si dans le même temps, la quantité d'argent en circulation augmente fortement, que va-t-il se passer ? Que vont faire les consommateurs de cet argent ?

— Ils pourront acheter plein de choses avec.

— Oui, et ils risquent d'épuiser rapidement les stocks disponibles. Et que va-t-il se passer alors ?

— Les gens vont se battre pour avoir le peu de choses qui reste.

— Tu veux dire... avec les mains ? s'esclaffa son grand-père.

— Non, non. Je veux dire qu'ils vont tout faire pour obtenir le peu qui reste.

— Quand tu dis tout faire, tu penses à quoi ?

— Je ne sais pas, dit Sophia décontenancée. Je n'ai jamais vu une telle situation.

— Dieu merci, les situations de pénurie n'existent plus. Mais ce qui se passait autrefois — et tu étais tout près de la réponse — c'est que les commerçants et les producteurs, voyant que les consommateurs étaient prêts à se battre pour acheter le peu de choses qui restaient, augmentaient leurs prix. Par conséquent, s'il y a trop de monnaie en circulation, il y a un risque d'augmentation des prix de la part des commerçants et des producteurs. Mais cela n'est valable que si on est en situation de plein emploi des capacités de production. À l'inverse, si on augmente la quantité de monnaie en circulation dans une période de sous-emploi des capacités de production, alors cela peut très bien se traduire simplement par de la croissance et non de l'inflation.

— Ça veut dire quoi : « sous-emploi des capacités de production » ? demanda Sophia, qui n'avait jamais entendu cette expression.

— Ça veut dire que dans une telle période, certaines usines, certaines entreprises, certains artisans sont capables de produire beaucoup plus que ce que leurs clients leur demandent de produire. Par conséquent une partie de leurs capacités de production est inutilisée : ça peut être des machines qui sont à l'arrêt ou qui pourraient fonctionner plus longtemps, ou des employés qui se retrouvent en manque de travail. Dans une telle période, si la consommation augmente, cela conduira juste les entreprises à augmenter leur production, ce qu'elles sont alors en capacité de faire du jour au lendemain. Mais il n'y aura pas de tensions sur les prix.

— Tu veux dire que le risque d'inflation n'existe qu'en période de plein emploi des capacités de production ?

— Disons que plus on se rapproche du plein emploi, plus il y a un risque d'inflation. Mais l'inflation peut également être due à d'autres causes, sur lesquelles je reviendrai.

— Ouh là là !... Ça n'a pas l'air simple cette affaire, dit Sophia qui commençait à décrocher.

— Tu as raison. Ce n'est pas simple. Et si le contrôle de l'inflation est un art que nous maîtrisons bien aujourd'hui, au début du siècle les autorités monétaires utilisaient des outils archaïques qui avaient pour effet de maîtriser l'inflation tout en détruisant des emplois et en nourrissant des bulles spéculatives. Une catastrophe décriée par beaucoup. Dieu merci, nous avons progressé.

— Et comment faisaient-ils au début du siècle pour maîtriser l'inflation ?

— Eh bien, comme les autorités monétaires n'avaient aucun pouvoir sur la destruction monétaire, qui était un phénomène automatique lié au remboursement des crédits, le seul moyen de maîtriser l'inflation était de contrôler la création monétaire : ainsi pour réduire l'inflation, les autorités monétaires augmentaient les taux d'intérêt de façon à réduire la demande de crédits. En effet, en toute logique, plus les taux d'intérêt augmentaient, moins les clients empruntaient d'argent. Par conséquent, les autorités monétaires réduisaient l'inflation en réduisant l'activité économique. Ni plus, ni moins. Pour reprendre la comparaison avec notre étang, c'est comme si à l'époque, il n'existait pas de vanne dans l'économie et que l'étang était fermé : la destruction monétaire ne se faisait que par l'évaporation de l'eau, phénomène totalement incontrôlable pour les humains, et le seul moyen de faire en sorte que l'étang ne déborde pas était de réduire le débit du ruisseau qui alimentait l'étang. Plus on réduisait le débit, plus on était sûr que l'étang ne déborderait pas. Par conséquent, on avait intérêt à ralentir en permanence l'activité économique pour être sûr de maîtriser l'inflation.

— Tu veux dire qu'ils maîtrisaient l'inflation aux dépens de la satisfaction des besoins.

— Et aux dépens de l'emploi.

— Mais c'est monstrueux et absurde, dit Sophia, révoltée.

— Oui, mais c'était à l'époque la seule méthode connue pour maîtriser l'inflation. Tu sais, au XVIIe siècle, à l'époque de Molière, on croyait que les saignées étaient un bon moyen de soigner les gens. Aujourd'hui, on sait que c'était une énorme bêtise. Mais les médecins de l'époque croyaient vraiment que c'était une bonne méthode et qu'il n'y en avait pas de plus valable pour certaines pathologies. Eh bien de la même manière, au début de notre siècle, on ne connaissait pas d'autre méthode pour maîtriser l'inflation que de réduire l'activité économique, et donc la santé de toute l'économie. Mais il faut reconnaître que cela était efficace, car en période de ralentissement de l'activité, il n'y a pas de tensions inflationnistes.

— Pourquoi ?

— Parce que lorsque l'activité économique ralentit, on se retrouve en situation de sous-emploi des capacités de production.

— Ah oui. Je comprends. En fait, cette méthode est comme certains médicaments : elle est efficace mais elle a des effets secondaires très nuisibles.

— Ta comparaison est très juste. Et d'un certain point de vue, ma comparaison avec les saignées peut paraître injuste, car les saignées étaient non seulement totalement inefficaces mais également nuisibles. Les politiques monétaires, elles, étaient nuisibles mais efficaces. Tant que l'on n'avait pas développé tous les outils qui nous permettent aujourd'hui d'avoir une maîtrise chirurgicale de l'inflation, il n'y avait pas d'autre moyen que de privilégier la maîtrise de l'inflation sur le plein emploi.

— Tu te rends compte que tu es en train de me dire qu'on n'avait pas d'autre choix que de privilégier des chiffres d'inflation par rapport au bien-être des gens ?

— Ça peut te paraître choquant. Mais tu sais, pour que les échanges économiques se développent, il est absolument indispensable qu'il y ait une certaine stabilité des prix. C'est une condition sine qua non du développement économique. D'ailleurs, dans des périodes d'hyperinflation, comme en 1923 en Allemagne, l'activité économique s'effondre.

— Pourquoi ?

— Imagine que, suite à l'augmentation très importante du prix de certains produits importés ou parce que la création monétaire est excessive, les prix commencent à augmenter fortement et régulièrement dans toute l'économie. Que vont faire les gens ?

— Je ne sais pas, dit Sophia qui n'avait jamais imaginé une telle situation.

— Voyant que les prix augmentent vite, ils ont intérêt à dépenser leur argent le plus vite possible, avant qu'il ne perde de sa valeur, ce qui a pour effet d'augmenter la consommation de façon imprévue et de générer des pénuries qui vont accélérer fortement l'inflation. C'est un cercle vicieux qui n'a aucune raison de s'arrêter tout seul. C'est pourquoi dans les périodes d'hyperinflation les salariés demandent à être payés à la semaine, puis à la journée. Et l'augmentation régulière des salaires, si elle permet de compenser l'augmentation des prix, participe elle-même à l'accélération de l'inflation qui devient vite incontrôlable et peut atteindre des sommets. Bien souvent, les gens préfèrent alors utiliser une monnaie étrangère dans laquelle ils ont confiance, jusqu'à ce qu'une réforme monétaire soit mise en place pour retrouver une monnaie stable.

— Ok. Je comprends bien pourquoi l'inflation s'emballe et devient incontrôlable. Mais pourquoi cela perturbe-t-il autant l'activité économique ?

— C'est très simple. Si un entrepreneur ne peut savoir à l'avance quels seront approximativement ses coûts de production (notamment les prix de ses fournisseurs et le coût de ses salariés) et les prix de vente qu'il pourra appliquer dans les mois à venir, alors il ne peut pas faire de calculs de rentabilité et il ne sait donc pas s'il faut investir ou non. Et sans investissements, l'activité économique décline rapidement. C'est pourquoi une certaine stabilité des prix est indispensable pour le développement économique. En outre, l'hyperinflation rend difficile le financement des dépenses publiques : en effet, entre le moment où les impôts sont prélevés et le moment où ils sont dépensés, les recettes fiscales peuvent perdre beaucoup de leur valeur et l'État peut se retrouver incapable d'assurer ses missions.

— Et c'est arrivé souvent, dans l'Histoire, des périodes d'hyperinflation ?

— Plus d'une quinzaine de fois : en France, entre 1718 et 1720, puis entre 1796 et 1797 ; en Russie, après la Révolution de 1917 ; en Grèce entre 1941 et 1944 ; en Chine entre 1945 et 1949 ; en Hongrie entre 1945 et 1946 ; dans de nombreux pays d'Amérique latine entre 1960 et 1990 ; en Yougoslavie en 1993 et au Zimbabwe de 2000 à 2008. Comme tu le vois, ce n'était donc pas si rare que cela. Il faut donc vraiment faire attention que l'inflation ne s'emballe pas. Mais une situation aussi chaotique est difficile à imaginer de nos jours, puisque désormais on maîtrise parfaitement l'inflation sans que personne ne s'en rende compte.

— Et comment a-t-on réussi ce miracle ? demanda Sophia, un peu moqueuse, car elle ne voyait pas ce que cela avait d'extraordinaire.

— Eh bien, en analysant les causes de l'inflation de façon plus précise, en utilisant de nouvelles méthodes d'intervention, en supprimant certains produits financiers et en maîtrisant aussi bien la création monétaire que la destruction monétaire.

— Ouh là là ! Ça fait beaucoup de choses. Peux-tu me donner des exemples précis ?

— Oui, par exemple, quand je t'ai dit qu'au début du siècle, on maîtrisait bien l'inflation, je parlais des prix des biens et services de consommation courante. Mais à l'inverse, on ne maîtrisait pas du tout le cours des actions ou les prix de l'immobilier, qui augmentaient fortement dans certaines périodes et s'effondraient à d'autres moments.

— Ah oui ! Les fameuses bulles dont tu m'as parlé hier...

— Exactement. Eh bien pour supprimer tous les ravages causés par ces bulles, nous avons décidé de supprimer le marché des actions et de contrôler le marché immobilier. Depuis, les prix de l'immobilier ont été stabilisés et les bulles ont disparu.

— Et quelle comparaison peut-on établir avec l'étang dans ce cas ? demanda Sophia, qui aimait beaucoup visualiser les choses.

— Eh bien, autrefois, c'est comme s'il y avait, à côté de l'étang de la consommation courante dont on contrôlait le niveau, un deuxième étang contenant l'immobilier et un troisième contenant les actions. Ces deux derniers étaient abreuvés par de gros ruisseaux au débit irrégulier qui faisaient parfois déborder les étangs jusqu'à ce que les digues cèdent et que les étangs se vident partiellement ; et une fois qu'on avait reconstruit les digues, le même phénomène se reproduisait quelques années plus tard.

— Mais pourquoi on ne maîtrisait pas le débit des ruisseaux ?

— Parce que, dans l'immobilier comme dans les actions, contrairement à la plupart des activités économiques, la possibilité de revente faisait que tout le monde était gagnant tant que les prix augmentaient. Et les banques avaient intérêt à participer à ce jeu spéculatif. Or c'étaient elles qui finançaient la plupart des achats immobiliers et bien souvent elles nourrissaient également le marché des actions. Par conséquent, en période de bulle, les banques n'avaient aucun intérêt à réduire le débit.

— Mais pourquoi les autorités monétaires ne le faisaient-elles pas ?

— Parce que les autorités monétaires avaient pour seule mission de maîtriser l'inflation sur la consommation courante et elles n'avaient de pouvoir que sur les taux d'intérêt. Or pour arrêter une bulle immobilière ou financière, il aurait fallu augmenter les taux de façon très importante, ce qui aurait eu pour effet d'assécher toute l'économie. Par conséquent, elles préféraient laisser gonfler une bulle plutôt que de créer une grosse dépression.

— Mais ça veut dire que les autorités monétaires n'avaient pas d'outil pour éviter une bulle !...

— Exactement, et c'est pour cela que nous avons dû trouver de nouvelles solutions, comme l'autorité de régulation des prix de l'immobilier.

— Ah oui, celle qui rachète les biens immobiliers avant de les revendre afin d'en contrôler le prix, dit Sophia, fière d'avoir retenu la leçon de la veille.

— Exactement.

— Et qu'avez-vous inventé d'autre pour que la maîtrise de l'inflation ne se fasse pas aux dépens de l'activité économique et de l'emploi ?

— Tout d'abord, tu sais que nous avons supprimé les taux d'intérêt. Par conséquent, la maîtrise de l'inflation ne peut plus se faire par l'augmentation des taux d'intérêt et donc par le ralentissement de l'activité économique. Dès lors, pour trouver les outils d'intervention adéquats, il a fallu analyser précisément d'où peuvent venir des tensions inflationnistes. Ainsi, autrefois, il arrivait régulièrement que l'augmentation des prix trouve son origine à l'étranger. Ainsi en 1973, une crise internationale provoqua une augmentation subite et très importante du prix du pétrole. Or à l'époque, le pétrole était largement utilisé notamment pour les transports, le chauffage, etc. Par conséquent, pour compenser cette augmentation du prix du pétrole, les entreprises augmentèrent leurs prix et les salariés exigèrent des augmentations de salaires pour compenser l'inflation, ce qui poussa les entreprises à augmenter leurs prix pour compenser les hausses de salaires, cercle vicieux qui provoqua une forte inflation, de près de 10% par an jusqu'en 1984 en France. En réalité, dans cette affaire, il y a eu un transfert de revenus vers les pays producteurs de pétrole, que les agents économiques français ont essayé de subir le moins possible, les uns en augmentant leurs prix, les autres en demandant des augmentations de salaires. Mais de toute façon, une partie importante des revenus des Français a été transférée involontairement à l'étranger. Par conséquent, augmenter les prix n'a fait que perturber plus encore l'économie.

— Mais qu'aurait-il fallu faire alors, dans ce cas ?

— Eh bien, s'il s'avérait impossible d'empêcher les producteurs de pétrole d'augmenter leurs prix, il aurait fallu compenser cette augmentation par une baisse des taxes sur les produits pétroliers, de façon à ce que les prix de l'essence et du fioul restent stables en France. Mais à l'époque, l'État n'ayant pas la possibilité comme maintenant de créer et de détruire de la monnaie en fonction des besoins, il n'avait pas les moyens de baisser les taxes, car cela lui aurait fait perdre des recettes importantes dont il avait besoin pour assurer les dépenses publiques.

— Si je comprends bien, dit Sophia, aujourd'hui, l'augmentation du prix d'un produit venant de l'étranger ne poserait plus de problème.

— Plus le moindre problème, dans la mesure où il est taxé et où on peut faire évoluer le montant de la taxe.

— Et tous les produits venant de l'étranger sont taxés ?

— Oui, car pour des raisons écologiques, on a voulu inciter à réduire au maximum les transports et à produire localement. Mais il n'empêche que certaines ressources, certains minerais, certains aliments ne sont produits que dans certaines parties du monde. Par conséquent, les échanges internationaux restent absolument indispensables.

— J'ai entendu dire qu'au début du siècle, il y avait énormément d'échanges internationaux et que certains pays d'Asie, notamment la Chine, étaient devenus en quelque sorte l'usine du monde.

— C'est tout à fait vrai. Mais je t'en parlerai plus longuement lorsque nous aborderons la question des échanges internationaux. Pour revenir au sujet qui nous intéresse aujourd'hui, l'inflation pouvait aussi être liée aux échanges internationaux par le biais des taux de change. En effet, si le taux de change évoluait, cela modifiait dans le même temps les prix à l'exportation et à l'importation. Et si les prix à l'importation augmentaient du fait de l'évolution du taux de change, alors cela générait de l'inflation.

— Mais aujourd'hui il n'y a plus de taux de change.

— Absolument : l'inflation importée due aux variations des taux de change n'existe plus, alors qu'elle perturbait fortement les économies autrefois. Aujourd'hui, la dernière cause « mécanique » d'inflation pour laquelle il nous faut rester vigilants, c'est l'inflation liée à une forme de pénurie, c'est-à-dire à un manque d'offre sur un produit précis. Dans ce cas, nous pratiquons une intervention chirurgicale, en vérifiant au préalable s'il s'agit d'un produit dont la ressource naturelle est en train de disparaître, auquel cas nous protégeons cette ressource, ou s'il y a simplement un manque de producteurs, auquel cas nous encourageons la création de nouvelles entreprises dans ce domaine. Des interventions de ce type ont lieu en permanence dans tous les domaines, ce qui évite qu'on se retrouve en situation de pénurie et donc de tensions inflationnistes.

— Et c'est tout ? Il n'y a pas d'autres causes à l'inflation ? demanda Sophia, qui trouvait cela bien compliqué et qui n'en voyait pas bien l'intérêt, vu que cela ne posait plus de problème.

— Eh bien si. Désolé Sophia, il y en a encore une. En effet, lorsque tout le monde a une activité, on peut se trouver en manque de main-d'œuvre, et dans ce cas, les chefs d'entreprise peuvent être tentés de proposer un salaire plus élevé que ceux proposés par leurs concurrents pour attirer de nouveaux employés. De leur côté, les salariés peuvent menacer de démissionner si les patrons refusent d'augmenter leurs salaires, sachant qu'ils trouveront facilement un travail ailleurs. En fait, dans les périodes où le chômage est quasi inexistant, les employés se retrouvent en position de force pour négocier leurs salaires, et les salaires ont tendance à augmenter régulièrement, ce qui pousse les patrons à augmenter leurs prix pour compenser cela. Cette inflation-là est un bon signe et il n'est pas souhaitable de l'empêcher tant qu'elle ne dépasse pas un certain niveau. C'est pourquoi on considère aujourd'hui qu'une inflation modérée est un signe de bonne santé pour l'économie.

— Qu'est-ce que tu entends par inflation modérée ?

— Une inflation inférieure à 5%.

— Mais ça veut dire qu'il n'y a pas de stabilité des prix.

— C'est exact. En fait il est quasiment impossible d'avoir en même temps le plein emploi et une inflation nulle. Le simple fait d'être proche du plein emploi crée des tensions inflationnistes. Par conséquent, on doit accepter d'avoir une légère inflation si on veut avoir le plein emploi.

— D'accord, mais dans ce cas-là, ta comparaison avec l'étang ne marche plus.

— Je te le concède. Dans la réalité, le niveau de l'étang doit s'élever légèrement chaque année. Mais c'est à peine perceptible à l'œil nu et l'augmentation des prix est tellement faible que ça ne perturbe pas les calculs des agents économiques. Mais globalement, la mécanique reste vraie : les autorités doivent veiller à ce que le débit du ruisseau, c'est-à-dire la création monétaire, soit suffisant pour répondre aux besoins de l'économie, et elles doivent veiller à ce que la vanne, c'est-à-dire la destruction monétaire, fonctionne bien de façon à éviter un excès d'inflation.

— Mais tu ne m'as pas dit précisément comment les autorités monétaires utilisaient la destruction monétaire, en dehors du remboursement des crédits.

— C'est exact, mais pour cela, il faut que je te parle du financement de l'État. Et c'est un vaste sujet. Là encore, une révolution conceptuelle gigantesque a eu lieu. Mais je te raconterai cela cet après-midi si tu le veux bien. Pour l'instant nous allons déjeuner.

CHAPITRE 6

LE FINANCEMENT DES DÉPENSES PUBLIQUES

Après la sieste, Sophia et son grand-père partirent en forêt pour se balader. Sophia adorait la forêt car il y avait toujours des animaux qui surgissaient de nulle part : des écureuils, des oiseaux, parfois des sangliers ou des cerfs, bref il y avait toujours des surprises. Son grand-père, lui, était fasciné par la beauté des arbres, les jeux de lumière au travers des feuilles et les odeurs de terre et de verdure qui changeaient à chaque pas. Bref, tous deux étaient ravis de cette balade.

Soudain, le silence fut rompu par une question surprenante :

— Sophia, sais-tu comment cette forêt est financée ?

— Ben, il me semble qu'elle pousse toute seule. Il n'y a pas besoin d'argent pour cela.

— En es-tu sûre ? As-tu remarqué qu'il n'y a quasiment jamais de branches en travers des chemins, que certains arbres sont coupés et que de nouveaux arbres sont plantés à certains endroits. Bref cette forêt est entretenue par des gardes forestiers.

— Ah bon ? Je n'avais jamais fait attention à cela.

— Tout cela te paraît normal. Et pourtant, cela demande du travail. De la même manière, as-tu remarqué que les routes sont entretenues ?

— Ah oui. J'ai déjà vu des ouvriers qui travaillent avec des machines pour refaire la route.

— Eh bien, sais-tu par qui les gardes forestiers et les ouvriers de la route sont payés ?

— Je ne me suis jamais posé la question, répondit Sophia.

— Eh bien, ils sont payés par la collectivité, ce qui permet à tout le monde d'accéder gratuitement à la forêt et aux routes.

— Pourquoi, ça pourrait être payant ?

— Oui, à une époque et dans certains pays, on faisait payer l'accès à certaines routes, à certains ponts, à certains parcs naturels. Mais rarement aux forêts car ça ferait trop d'entrées à surveiller !... Au début du siècle, l'accès à certaines autoroutes était payant et ces autoroutes étaient même gérées par des sociétés privées.

— Mais comment ils faisaient pour faire payer ?

— Eh bien, il y avait des barrières de péage à l'entrée des autoroutes.

— Waouh ! Mais ça devait bloquer la circulation !

— Oui, il y avait parfois de longues files d'attente aux barrières de péage certains week-ends et pendant les vacances scolaires.

— Mais quel intérêt cela avait-il ?

— La principale raison pour laquelle la construction et la gestion de certaines autoroutes avaient été confiées à des entreprises privées, c'est que l'État avait du mal à financer ce type d'opérations. En effet, contrairement aux entreprises privées, l'État ne pouvait pas emprunter d'argent auprès des banques. Si l'État français avait voulu faire des autoroutes gratuites, comme c'était le cas dans certains pays, il aurait dû pour cela emprunter de l'argent sur le marché obligataire et augmenter les impôts à un moment ou à un autre. Confier les autoroutes à des entreprises privées permettait donc de ne faire payer que les usagers de l'autoroute, et non tous les contribuables, ce qui paraissait juste. En outre, cela contribuait à la croissance sans augmenter les impôts, car les entreprises privées étaient obligées de faire appel au crédit bancaire et donc à la création monétaire.

— Mais pourquoi l'État ne créait-il pas la monnaie dont il avait besoin pour financer la construction des autoroutes ?

— Toute la question est là. Et la question se pose de la même manière pour la construction d'hôpitaux, d'écoles, de parcs, de centres sportifs, culturels, etc. Pourquoi utiliser de l'argent qui est déjà en circulation, en le prélevant sous forme d'impôts ou de taxes, pour construire de nouvelles infrastructures publiques ? Cela me rappelle d'ailleurs la toute première réflexion qui m'a amené, alors que j'étais étudiant, à me focaliser sur la question de la création monétaire.

— Ah oui, et tu avais quel âge ?

— Vingt ans environ. Nous étions en train d'étudier la période de la construction du château de Versailles. Et notre professeur d'Histoire nous a dit, comme si cela était parfaitement logique, que pour financer ce chef-d'œuvre (ainsi que les nombreuses guerres), le roi Louis XIV avait matraqué ses sujets de taxes et d'impôts, ce qui avait eu pour conséquence un appauvrissement des paysans notamment. À ce moment-là, je me suis fait la réflexion — contraire aux idées reçues — que la construction d'un tel chef-d'œuvre aurait dû au contraire enrichir tout le monde, puisqu'elle donnait du travail supplémentaire à des ouvriers, des artisans, des artistes, etc. Et j'en ai conclu que c'était juste la façon dont l'État était financé qui posait problème, et non la construction du château. Ainsi, lorsqu'on construit de nouveaux logements pour faire face à la croissance démographique, on crée de l'argent nouveau sous forme de crédits immobiliers. Si on comptait uniquement sur l'argent qui circule déjà pour combler ces besoins nouveaux, alors on ralentirait le reste de l'activité économique. Sans croissance de la quantité de monnaie en circulation, on ne peut pas répondre à des besoins nouveaux, liés notamment à la croissance de la population, sans ralentir le reste de l'économie.

— Ça me paraît évident, dit Sophia.

— Oui. Et pourtant, pendant très longtemps, la construction de nouveaux bâtiments publics n'a pas été financée par de la création monétaire.

— C'est incroyable ! Ça veut dire que ces nouveaux bâtiments étaient financés par de l'argent qui était déjà en circulation.

— Exactement : les ressources de l'État provenaient soit de taxes ou d'impôts prélevés sur les entreprises et les ménages, soit d'emprunts effectués sur le marché obligataire.

— Et ça fonctionnait comment le marché obligataire ?

— C'était très particulier. Pour comprendre son fonctionnement, il faut remonter aux origines des obligations. On est à la fin du XIIIe siècle, et les grandes cités italiennes mènent des guerres incessantes les unes contre les autres, ce qui leur coûte énormément d'argent. Alors, au lieu de prélever des impôts supplémentaires, Venise et Florence décident d'obliger les familles les plus riches à leur prêter de l'argent, contre une petite rémunération. Mais pour ne pas bloquer les investissements privés, elles autorisent les prêteurs à revendre ces obligations à d'autres citoyens sur un marché où les prix sont négociables : c'est la naissance du premier marché financier spéculatif. Et le début de nombreuses crises financières et économiques liées à l'éclatement de bulles spéculatives !

— C'est donc dans les sublimes villes de Venise et de Florence que sont nés les premiers marchés spéculatifs ? s'étonna Sophia.

— C'est ce que nous disent les historiens. Étonnant, n'est-ce-pas ?

— Et cela a-t-il contribué à leur développement et à leur rayonnement international ? demanda Sophia qui était passionnée par la Renaissance italienne.

— Peut-être, car cela leur a donné les moyens de conquérir des territoires et d'assurer le développement du commerce avec l'Europe et la Méditerranée.

— Et le système des obligations a été repris par d'autres États par la suite ?

— Progressivement, tous les États l'ont adopté, au point qu'au début de notre siècle, le marché obligataire était un marché mondial : les Chinois finançaient une grande partie de la dette des États-Unis, les Allemands celle de nombreux pays européens, etc.

— Et le marché obligataire fonctionnait toujours comme à Venise ou à Florence ?

— La mécanique globale était la même. Sauf que les prêteurs n'étaient plus contraints d'acheter des obligations. Les choses se passaient de la façon suivante : l'État empruntait de l'argent en émettant des titres, appelés obligations ou bons du Trésor, qui ne pouvaient être achetés en France que par les investisseurs institutionnels (assurances, caisses de retraite, fonds de pension, etc.). En remerciement du service rendu, l'État versait chaque année aux détenteurs de ces obligations une récompense d'un montant connu à l'avance, appelée « coupon ». Et il s'engageait à rembourser l'obligation à une échéance déterminée à l'avance, qu'on appelait la date de maturité. Mais là où le système était dangereux, c'est que ces obligations pouvaient être revendues à n'importe quel moment et à n'importe qui sur un marché secondaire, à un prix qui variait en fonction de l'offre et de la demande. Ainsi, si la demande était forte, le prix augmentait, ce qui réduisait le taux d'intérêt, puisque le taux d'intérêt était le rapport entre le coupon, qui restait inchangé, et le prix des obligations, qui avait augmenté. Inversement, si la demande était faible, le taux d'intérêt pouvait augmenter fortement.

— Waouh, mais c'est super compliqué !...

— C'est un peu technique, je te l'accorde. Mais il est absolument essentiel de comprendre le fonctionnement du marché obligataire pour comprendre le problème des dettes publiques. En effet, si certains États comme la Grèce se sont retrouvés surendettés au début de notre siècle, ce n'est pas seulement parce qu'ils ont trop dépensé et trop emprunté. C'est aussi et surtout parce qu'ils se sont retrouvés confrontés à des taux d'intérêt exorbitants pouvant aller jusqu'à 20% par an. Pourquoi ? Parce que leurs obligations étaient très peu demandées du fait que les acheteurs potentiels avaient peur de ne pas être remboursés, ce qui faisait chuter leur prix sur le marché secondaire et faisait donc mécaniquement exploser les taux d'intérêt. En outre, pour trouver preneur, les nouvelles obligations ne pouvaient être émises qu'à des taux d'intérêt très élevés, proches de ceux du marché secondaire. Comme tu le vois, le système du marché obligataire ne faisait qu'aggraver les problèmes de dette publique. Ce système, qui a provoqué de graves crises économiques dans de nombreux pays, était complètement fou : c'est comme si quelqu'un empruntait de l'argent pour acheter une maison et qu'au moment où il perd son emploi, sa banque exige d'être remboursée plus vite que prévu, en augmentant les mensualités, parce qu'elle a peur qu'il ne puisse plus la rembourser. Ça ne ferait évidemment qu'aggraver la situation. D'après toi, qu'est-il sage de faire dans un tel cas pour que le prêt soit remboursé ?

— Diminuer les mensualités le temps qu'il retrouve un emploi, suggéra Sophia.

— Exactement. C'est une question de bon sens. Et pourtant, à l'époque, on laissait les marchés obligataires libres de déterminer les taux d'intérêt et donc d'aggraver la situation. Et on accusait les marchés financiers de se comporter de façon immorale, comme des vautours. Mais en vérité ce ne sont pas les marchés financiers mais les gouvernements qui étaient responsables de la situation : ce sont eux qui avaient choisi de financer leurs déficits au moyen d'un jeu de spéculation très risqué, celui du marché obligataire, alors qu'ils auraient très bien pu choisir d'autres modes de financement, mieux contrôlés. Quand on choisit un système, on en assume les conséquences. Ainsi, si le gouvernement autorise chaque citoyen à posséder une arme à feu pour pouvoir se défendre le cas échéant, il prend le risque que les homicides, voire les massacres, soient très nombreux, comme ce fut le cas aux États-Unis au début du siècle. De même si le gouvernement, pour accroître ses recettes fiscales, incite au développement des jeux d'argent en ligne ou dans les casinos, il prend le risque de voir de plus en plus de familles en situation de surendettement à cause des tentations et du phénomène d'addiction liés au jeu. Par conséquent, les gouvernements sont responsables de la mise en place, du développement ou de l'interdiction de ces systèmes, qui peuvent s'avérer dangereux pour la société. De la même manière, l'État est totalement responsable du système qu'il choisit pour se financer, et des conséquences catastrophiques que ce choix peut avoir sur la population.

— Et il existait d'autres systèmes de financement de l'État à l'époque ?

— Oui. L'État pouvait effectuer de grands emprunts à des taux fixes, sans passer par le marché obligataire. En outre si les taux d'intérêt sur le marché obligataire étaient hors de contrôle des États et pouvaient atteindre des sommets ingérables, les taux d'intérêt sur les crédits bancaires étaient pour leur part contrôlés dans des limites raisonnables par les Banques centrales. Par conséquent, les gouvernements auraient certainement pu trouver des sources de financement moins risquées. Mais il y a mieux : il arrivait à l'époque que certains pays (comme le Royaume-Uni ou les États-Unis) autorisent ponctuellement leur Banque centrale à financer directement l'État (par l'achat de bons du Trésor nouvellement émis), ce qui contribuait à la création monétaire. Néanmoins, la plupart des Banques centrales, et notamment la Banque centrale européenne, n'étaient pas autorisées à financer les déficits publics. Par conséquent, sauf exception, l'argent que l'État empruntait sur le marché obligataire était de l'argent qui existait déjà : l'État pompait de l'argent dans l'épargne existante. Et les emprunts de l'État ne conduisaient donc pas à augmenter la quantité de monnaie totale, contrairement aux prêts bancaires. Par conséquent, l'État passait son temps à pomper de l'argent existant, que ce soit sous forme de taxes, d'impôts ou d'obligations. Certes, en empruntant, il pouvait réinjecter de l'argent dans l'économie au travers des dépenses publiques, mettant ainsi en circulation de l'épargne qui dormait jusque-là. Mais il le faisait aux dépens des entreprises qui avaient elles aussi besoin d'épargne pour investir. Du coup il apparaissait souvent comme un élément plombant l'économie plutôt que la dynamisant. Et c'était vraiment le cas. Plus l'État dépensait de l'argent, plus il était contraint soit d'augmenter les impôts, soit de s'endetter encore plus.

— Ça veut dire que, comme n'importe quel particulier, il pouvait contracter trop de dettes et être incapable de les rembourser ?

— Absolument. Au début de notre siècle, la plupart des États étaient tellement endettés qu'ils furent contraints de réduire les dépenses publiques et d'augmenter les impôts pour réduire leur endettement.

— Mais ça a dû ralentir fortement l'activité économique !

— À un point que tu ne peux pas t'imaginer. Certains pays comme la Grèce ont vu leur activité économique réduite de plus de 20%, ce qui signifie qu'une grande partie de la population s'est retrouvée au chômage, incapable de payer les loyers et les impôts. Bref le remède était pire que le mal.

— Mais c'est complètement absurde, s'insurgea Sophia. On ne peut pas rembourser une dette quand on a perdu son travail et donc ses revenus. Et donc de la même manière, un pays ne peut pas rembourser ses dettes si sa population travaille moins. Il aurait fallu au contraire relancer l'activité économique pour pouvoir rembourser les dettes publiques.

— C'est évident. Mais pourquoi est-on arrivé à une situation aussi absurde ? As-tu une idée, Sophia ?

Sophia hésita un instant. Puis elle partagea à son grand-père l'image qui lui traversait l'esprit :

— Si je comprends bien, les États, n'ayant pas le droit de créer de la monnaie, étaient en quelque sorte contraints à la prédation. Et s'ils se trouvaient surendettés, ils étaient pour ainsi dire contraints au pillage.

— L'image est forte. Mais il y a de cela. D'ailleurs, à l'époque, beaucoup de gens voyaient l'État comme un parasite, qui freinait le développement économique. Ainsi, un certain nombre de responsables affirmaient avec beaucoup de conviction qu'une réduction des impôts, des cotisations et des taxes, aurait permis de relancer l'activité économique. Et c'était vrai, du fait du mode de financement de l'État. Mais, dans le même temps, il fallait bien financer les services publics. Et la plupart des gens trouvaient qu'il n'y avait pas assez d'infirmières, de policiers, de juges, d'enseignants, etc. Alors comment faire ? Comment répondre aux besoins de services publics de la population sans ralentir l'activité économique ?

— En autorisant l'État à créer de la monnaie, suggéra Sophia.

— Oui, entre autres. Mais plus globalement, il était indispensable de réformer le mode de financement de l'État.

— Mais pourquoi les États n'ont-ils pas fait cela plus tôt ?

— Tu sais, Sophia, quand on s'est habitué à une pratique, on finit par croire qu'il n'y en a pas d'autre possible.

— Mais tout de même, quand ça conduit à des situations comme celle de la Grèce, on devrait bien finir par en changer !

— Encore faut-il que quelqu'un propose un nouveau modèle, viable.

— Et c'est ce que tu as fait, papy !

— Oui, avec d'autres collègues économistes. Mais il a fallu du temps pour convaincre qu'un autre modèle de financement de l'État était possible.

— Et comment avez-vous fait ?

— La première étape consista à prendre conscience que la monnaie était devenue immatérielle, et que ça changeait tout. Pendant très longtemps, pour financer les dépenses des souverains ou des États, il fallait prélever une partie de la richesse existante, soit sous forme de récoltes par exemple, soit sous forme de monnaie sonnante et trébuchante. Parfois, certains souverains découvraient des mines d'or ou d'argent et ils se retrouvaient en possession de quantités de monnaie considérables qui leur permettaient d'obtenir de grandes richesses, comme ce fut le cas de l'Espagne au XVIe siècle, ce qui soit dit en passant provoqua également de l'inflation. Mais dans tous les cas, les États étaient dépendants de la quantité de monnaie (or ou argent) en circulation. Avec la dématérialisation de la monnaie, la problématique change totalement. La question ne devrait plus être : est-ce que l'État a suffisamment d'argent pour réaliser tel ou tel projet de service public ? Mais elle devrait être : est-ce qu'on dispose des ressources naturelles et humaines pour réaliser un tel projet ? Si oui, la question du financement ne devrait jamais être un problème, puisque l'argent ne peut désormais plus manquer, dans la mesure où il est immatériel.

— Ben oui, ça paraît évident, dit Sophia.

— Tellement évident qu'au début du siècle une des expressions qu'on entendait le plus de la part du gouvernement était : « désolé, on n'a pas les moyens de faire cela », ce qui signifiait qu'il n'y avait pas assez d'argent disponible pour réaliser tel ou tel projet, rénover un bâtiment public, embaucher du personnel pourtant indispensable, etc. Et pourtant, l'argent était déjà dématérialisé. Mais l'État était toujours financé en prélevant une partie de la richesse existante, une partie de la monnaie en circulation, comme à l'époque où la monnaie était matérielle. C'était un archaïsme, un legs du passé. Alors qu'on aurait très bien pu, grâce aux systèmes informatiques développés dès la fin du XXe siècle, créer et détruire de la monnaie en fonction des besoins !...

— « Détruire de la monnaie en fonction des besoins ? » reprit Sophia, surprise par cette idée.

— Oui, comme je te l'ai expliqué, pour qu'il n'y ait pas trop d'inflation, il est parfois nécessaire de détruire de la monnaie. Comme tu le sais, lors du remboursement des emprunts, la monnaie est détruite automatiquement par les banques. Mais désormais, l'État peut aussi détruire de la monnaie volontairement en fonction des besoins. Ainsi, si les autorités monétaires se rendent compte qu'on se trouve en situation de plein emploi, qu'il y a trop de monnaie en circulation et qu'il y a un risque d'inflation excessive, alors elles peuvent décider de pomper de la monnaie en augmentant provisoirement une taxe ou un impôt. L'argent ainsi prélevé est immédiatement détruit car on considère que sa circulation aurait pour seul effet de nourrir une inflation excessive et incontrôlable. L'État peut également choisir de réduire les dépenses publiques. Dans ce cas, l'argent économisé sera également immédiatement détruit.

— Finalement, c'est très simple de détruire de la monnaie. Mais pourquoi ça ne se faisait pas avant ?

— Au début du siècle, il était inconcevable pour les États de détruire de la monnaie. En effet, ils avaient déjà bien du mal à trouver suffisamment de recettes pour faire face à leurs dépenses, alors détruire de la monnaie était juste inimaginable. Mais il faut bien avoir conscience qu'on pratique aujourd'hui la destruction monétaire intentionnelle parce qu'on est quasiment en permanence en situation de plein emploi. Ce qui n'était pas le cas au début du siècle où la plupart des pays connaissaient un chômage important. Mais il y a mieux : c'est en grande partie grâce à cette capacité de destruction monétaire que le chômage a pour ainsi dire disparu.

— Comment cela ? dit Sophia, surprise.

— Si étonnant que cela puisse paraître, le secret est là : sans la maîtrise de la destruction monétaire, il n'aurait pas été possible de confier à l'État une liberté de création monétaire. C'est l'art de la destruction monétaire qui a permis aux États de recouvrer le pouvoir de création monétaire, sans risquer d'engendrer une inflation excessive. L'État peut donc désormais financer tous les projets utiles à la collectivité, sans nuire au reste de l'économie.

— Tu veux dire qu'avant, l'État pouvait nuire au reste de l'économie en finançant certains projets ?

— Oui, parce que ces projets l'amenaient à prélever trop d'impôts ou à emprunter trop d'épargne sur le marché obligataire, ce qui pouvait avoir pour conséquence de ralentir l'économie dans son ensemble tout en augmentant son endettement.

— Et ce n'est plus le cas maintenant ?

— Non, car lorsque l'État choisit de réaliser un projet, il étudie la situation économique et peut choisir soit de le financer par l'impôt, soit de créer l'argent nécessaire ex nihilo, en veillant toujours à ce que cela ne crée pas d'inflation excessive. C'est tout un art dans lequel excellent certains experts qui ont été spécialement formés pour cela. Mais le résultat est que l'on peut désormais financer n'importe quel projet utile à la collectivité, sans jamais manquer d'argent. Les seules choses qui peuvent manquer pour réaliser un projet sont les ressources naturelles et la main-d'œuvre compétente. Mais jamais l'argent.

— Si je comprends bien, les individus peuvent manquer d'argent pour réaliser un projet, mais pas l'État.

— Exact.

— Et pourquoi les individus ne pourraient-ils pas eux aussi créer de la monnaie en fonction de leurs besoins et de leurs projets ?

— Très bonne question. Tout d'abord, quelle motivation les individus auraient-ils pour travailler s'ils pouvaient créer de l'argent à volonté ? À l'inverse, le fait de manquer d'argent est une forte motivation pour travailler, ce qui est bénéfique pour toute la société. Par ailleurs, si les individus pouvaient créer de la monnaie, ils ne pourraient pour autant pas maîtriser l'inflation, et cela aboutirait vite à une situation catastrophique pour l'ensemble de la société. Car il ne faut jamais oublier que si l'argent est souvent perçu comme une récompense pour un travail accompli, il est aussi une incitation au travail et que de ce fait, il ne peut être créé que par des institutions (notamment l'État ou les banques), en fonction de règles précises. Si les individus pouvaient créer de la monnaie à volonté, alors ils risqueraient vite de ne plus être motivés pour travailler et les besoins de chacun ne pourraient plus être satisfaits. Sauf preuve du contraire. À l'inverse, rien ne justifie que l'État manque de moyens pour satisfaire certains besoins, comme les soins de santé.

— Là évidemment, c'est imparable. Il serait inacceptable que certaines personnes ne puissent pas être soignées correctement par manque d'argent. Mais cela a-t-il jamais été le cas ?

— Si tu savais...

— Justement, j'aimerais bien savoir.

— Eh bien, je te raconterai cela ce soir, au coin du feu. Pour le moment, il commence à faire froid et nous allons rentrer à la maison... pour préserver ta santé ! dit son grand-père en lui faisant un clin d'œil.

Sophia rit de bon cœur puis elle se mit à sautiller sur le chemin du retour en chantant.

CHAPITRE 7

LA SANTÉ

Après le dîner, Sophia et son grand-père s'installèrent face à la cheminée. Ils restèrent un long moment en silence à admirer les flammes qui léchaient le bois.

Puis Sophia rompit le silence, perturbée qu'elle était par les propos énigmatiques de son grand-père au retour de leur balade en forêt.

— Si j'ai bien compris, tu as laissé entendre qu'à une certaine époque tout le monde n'avait pas la possibilité d'être bien soigné.

— C'est cela.

— Les soins n'étaient pas gratuits ?

— Rares étaient les pays où les soins étaient accessibles gratuitement.

— Tu veux dire qu'il fallait payer pour se faire soigner ?

— Au moins partiellement, pour certains soins et en fonction de vos revenus, de votre mutuelle ou de votre assurance santé.

— Ouh là là ! Mais c'était extrêmement compliqué.

— Et encore, je simplifie.

— Mais pourquoi une telle complexité ? N'aurait-il pas été plus simple de donner un accès gratuit à tous les soins ?

— Plus simple, oui. Mais possible, non. Car une fois de plus, il s'agissait d'un problème de financement.

— Je ne comprends pas. Que ce soit financé d'une manière ou d'une autre, je ne vois pas ce que ça change : il faut bien payer les soins. On ne peut pas laisser souffrir les gens !

— Tu as raison. Mais si, à un moment donné, le mode de financement de la santé est inadapté, alors la collectivité peut se retrouver dans l'incapacité de prendre en charge tous les frais de santé.

— Je ne comprends pas.

— Figure-toi qu'au début du XXIe siècle, on s'est retrouvé dans la même impasse pour le financement des dépenses de santé que pour le financement des dépenses de l'État. À savoir, que les caisses d'assurance maladie ont été contraintes d'emprunter de l'argent pour faire face à des dépenses croissantes qui ne pouvaient pas être compensées par une augmentation suffisante des recettes.

— Mais pourquoi y avait-il des dépenses croissantes ? Et pourquoi ne pouvait-on pas augmenter suffisamment les recettes ?

— Ce sont là les points clés qui permettent de comprendre pourquoi ce système de financement de la santé n'était pas viable à long terme. Le premier point, qui est extrêmement important à comprendre, c'est que les dépenses de santé sont susceptibles d'augmenter ou de diminuer fortement dans le temps. Ainsi, au début du siècle, on a connu une période de vieillissement démographique et les dépenses de santé ont augmenté régulièrement, car les personnes âgées ont besoin de plus de soins que les jeunes. À partir d'un certain âge, elles peuvent même devenir dépendantes et avoir besoin de soins du matin au soir. Par conséquent, le vieillissement de la population a abouti à une augmentation inévitable de la part des dépenses de santé dans l'activité économique du pays (ce qu'on appelait autrefois le PIB). À cela s'est ajouté le fait que les gens allaient de plus en plus souvent voir le médecin, faisaient de plus en plus d'examens, consommaient de plus en plus de médicaments, que les traitements étaient de plus en plus efficaces mais aussi de plus en plus chers, et que l'on utilisait des machines de plus en plus sophistiquées pour faire des examens et des opérations chirurgicales. Bref, tout concourait à accroître fortement les dépenses de santé.

— Et j'imagine que cela a permis d'améliorer l'état de santé de la population.

— Ça c'est un autre débat, qu'il est bien difficile de trancher, car si les patients étaient indéniablement mieux pris en charge qu'auparavant, l'augmentation des dépenses de santé pouvait aussi provenir de l'augmentation de la prévalence de certaines maladies comme le cancer ou la maladie de Parkinson qui demandaient une prise en charge très lourde. Par conséquent, une augmentation des dépenses de santé ne signifie pas nécessairement un meilleur état de santé de la population. D'ailleurs, aujourd'hui on consacre une grande partie des dépenses de santé à la prévention des maladies : on essaie de faire en sorte que les gens restent en bonne santé, plutôt que d'attendre qu'ils soient malades pour les prendre en charge. Quoi qu'il en soit, il est souhaitable que la population soit dans le meilleur état de santé possible, d'où la nécessité de donner un accès gratuit et inconditionnel à tous les soins.

— Ça me paraît évident.

— Tellement évident qu'au début du siècle, certains soins étaient en partie à la charge des patients, ironisa son grand-père. Par exemple les lunettes, les prothèses dentaires, certains médicaments ou des soins d'ostéopathie.

— J'imagine que ça veut dire que certaines personnes n'avaient pas les moyens de se payer des lunettes, de se soigner les dents correctement, de payer certains médicaments ou de soigner un mal de dos. Mais c'est quoi l'intérêt d'avoir des gens qui ne sont pas en bonne santé ?

— Il n'y a aucun intérêt. On est bien d'accord. Une fois de plus, cela provient d'un problème de financement.

— Mais c'est grave de faire passer des problèmes financiers avant des questions de santé.

— Je suis d'accord avec toi. Mais quand le système de croyances fait que l'argent manque, alors cela devient une réalité qui empêche de prendre soin de tout le monde. Et on est bien d'accord qu'il s'agit purement d'une croyance dès lors que l'argent est devenu immatériel : la croyance que la collectivité peut manquer d'argent pour financer certaines choses. Dans la réalité matérielle des choses, il y avait suffisamment de ressources naturelles et de personnes compétentes (opticiens, dentistes, pharmaciens ou ostéopathes) pour prodiguer des soins à tous ceux qui en avaient besoin. Par conséquent, si on avait tiré les conséquences de la dématérialisation de la monnaie, on aurait pu rendre les soins gratuits pour tous. Mais on n'en était pas là. Et le mode de financement des dépenses de santé rendait les choses très difficiles. En effet, à cette époque, le système de santé était financé par des prélèvements sur les revenus : prélèvements obligatoires sur les salaires sous forme de cotisations sociales qui ont été progressivement remplacés par des prélèvements obligatoires sur toutes les formes de revenus (qu'on a appelé la « contribution sociale généralisée »). En outre il était possible (et parfois obligatoire) de souscrire une assurance complémentaire auprès d'une mutuelle ou d'une assurance pour avoir de meilleurs remboursements sur certains soins (lunettes, prothèses dentaires).

— Ce qui veut dire que certains étaient mieux soignés que d'autres.

— Absolument. Mais non seulement le système était injuste, mais en outre il était mal conçu. En effet, le mode de financement du système de santé n'était pas adapté à l'évolution de la population.

— Pourquoi ?

— Comme je te l'ai déjà dit, imagine un instant que pour faire face à l'augmentation de la population, on finance la construction de nouveaux logements uniquement avec l'épargne existante. Très vite on se retrouverait en manque d'argent. Par conséquent, face à la croissance démographique, il est absolument indispensable de faire appel aux crédits immobiliers et donc à la création monétaire. C'est une évidence. Eh bien, de la même manière, avec le vieillissement de la population et la croissance démographique, les dépenses de santé ne pouvaient qu'augmenter régulièrement et substantiellement chaque année. C'était inévitable. C'était mécanique. Et en toute logique, on aurait dû créer de l'argent pour faire face à l'accroissement naturel des besoins de soins. Mais comme les dépenses de santé étaient financées par des prélèvements sur la richesse existante, alors elles étaient perçues comme une charge, un coût. Et les citoyens avaient intérêt, en tant que contribuables, à ce que ces dépenses soient réduites le plus possible. D'où la dénonciation de tous les gaspillages dans le domaine de la santé. Et toutes les politiques visant à réduire les dépenses de santé. Mais, en tant que patients, les citoyens avaient intérêt à ce que les soins soient de la meilleure qualité possible et à ce qu'ils soient gratuits. Par conséquent, en tant que patients, ils n'avaient pas intérêt à ce qu'on fasse des économies au détriment de la qualité des soins. Par exemple, ils avaient intérêt à ce que les infirmières prennent le temps de s'occuper d'eux.

— Ça me paraît évident.

— Sauf qu'à l'époque, pour faire des économies, on demandait aux infirmières de passer le moins de temps possible avec les patients.

— Mais passer du temps avec un patient, c'est aussi prendre soin de lui. C'est extrêmement précieux. Quand j'étais à l'hôpital l'année dernière pour mon opération de l'appendicite, les infirmières ont bien pris le temps de me rassurer, elles venaient me voir régulièrement pour voir si tout allait bien, elles rigolaient avec moi. Ça m'a fait beaucoup de bien.

— Oui, et en plus tes parents étaient présents. Mais imagine, pour une personne âgée qui n'a plus de famille, à quel point la présence des infirmières peut être précieuse : c'est parfois la seule chaleur humaine qu'elle peut recevoir dans une journée lorsqu'elle est alitée.

— Tu as raison, je n'y avais jamais pensé.

— Une fois de plus, tu vois à quel point un modèle de financement inadapté peut conduire à des politiques contraires à l'intérêt de tous. Faire des économies dans le domaine de la santé uniquement pour des problèmes de financement est une pure folie.

— Surtout quand on sait qu'on peut créer de l'argent à volonté, puisqu'il est immatériel.

— Exactement. Mais il est vrai qu'à l'époque, cette idée n'était pas encore devenue réalité. Et la réalité de l'époque, c'était que quand on devait financer quelque chose collectivement, il fallait prélever une partie des revenus existants, et cela était difficile à supporter. Le problème venait donc des recettes bien plus que des dépenses. Et c'est là qu'une révolution était nécessaire.

— Et quelle fut la révolution dans le domaine de la santé ?

— Eh bien, les dépenses de santé ont continué à être financées par des prélèvements sur les revenus, mais l'augmentation annuelle des dépenses de santé a été financée par de la création monétaire tout en veillant à ce qu'il n'y ait pas d'inflation excessive. Ce qui était délirant au début du siècle, c'est d'avoir cru qu'une croissance des dépenses pourrait être financée sans création monétaire. Ce serait une chose inconcevable dans l'immobilier ou dans le développement des entreprises. Alors pourquoi en serait-il autrement dans le domaine de la santé ? Toute croissance exige une forme de création monétaire. Sinon on appauvrit nécessairement les autres secteurs de l'économie.

— Ah oui ! C'est comme pour l'histoire de la construction du château de Versailles.

— Absolument.

— Mais alors c'est la même chose pour les retraites, avec le vieillissement démographique.

— Sujet passionnant que nous aborderons demain, si tu le veux bien. Pour le moment, il est l'heure d'aller se coucher.

CHAPITRE 8

LES RETRAITES

Le lendemain matin, Sophia retrouva ses grands-parents au petit déjeuner.

— Dis papy, tu m'as promis de me parler des retraites aujourd'hui. Au fait, à quel âge vous avez pris votre retraite tous les deux ?

— Tu sais, nous touchons tous les deux une pension, mais nous avons encore quelques activités rémunérées, en tant que consultants. Et puis nous rendons des services valorisés dans le voisinage. Nous avons donc une activité réduite mais nous n'avons pas totalement arrêté de travailler. D'ailleurs tant que nous pourrons continuer à nous rendre utiles, nous le ferons.

— Bien sûr, mais je voulais savoir à quel moment vous aviez commencé à toucher une pension ?

— Le jour où nous avons décidé de réduire notre activité et de ne plus travailler à plein temps.

— Et c'était à quel âge ?

— À 70 ans. Mais nous avons tous deux une profession intellectuelle, ce qui nous a permis de travailler tard. Pour les professions exigeant des efforts physiques, les gens s'arrêtent généralement de travailler à plein temps entre 50 et 60 ans, et ils choisissent une activité moins fatigante pour la suite de leur vie.

— Tu veux dire que l'âge auquel on touche sa première pension est très variable ?

— Oui. Et la plupart des gens choisissent de poursuivre une activité à temps partiel après avoir commencé à toucher leur pension, de façon à continuer à se sentir utiles. Ce qui fait qu'il n'y a plus vraiment de séparation entre les actifs et les retraités, comme c'était le cas avant.

— Tu veux dire qu'avant, les retraités étaient inactifs ?

— En fait pas vraiment. La plupart avaient des tas d'activités, mais ils n'étaient pas rémunérés pour cela. C'est ce qu'on appelle des activités bénévoles. La vraie différence entre actifs et retraités, c'est que les actifs étaient rémunérés pour leur travail alors que les retraités touchaient une rémunération inconditionnelle, sans avoir besoin de travailler.

— Mais c'est toujours le cas : votre pension est inconditionnelle !

— Sauf qu'elle est calculée en fonction de nos revenus d'activité. Le but étant d'inciter chacun à travailler aussi longtemps qu'il le souhaite et qu'il s'en sent capable, tout en garantissant des revenus suffisants quelle que soient la situation et la santé de chacun. L'idée que les seniors puissent participer à la production de biens et services a été une véritable révolution qui a contribué à résoudre le problème du financement des retraites.

— Ah bon ? Mais pourquoi ?

— Eh bien, au début du siècle, les salariés prenaient leur retraite vers 60 ans. Or, avec l'allongement de la durée de vie et le vieillissement démographique, la proportion de retraités par rapport aux actifs a fortement augmenté au cours des cinquante dernières années. Et on s'est retrouvé avec de grandes difficultés pour financer les retraites. En effet à l'époque, en France, les pensions étaient financées par des prélèvements sur les rémunérations des actifs. Par conséquent, pour faire face au vieillissement démographique, il ne semblait y avoir que trois solutions : soit augmenter les taux de cotisation sur les rémunérations des actifs, soit diminuer le montant des pensions, soit retarder l'âge de départ à la retraite. Le plus souvent, on choisissait de faire un peu des trois. Mais il semblait qu'il n'y avait pas d'autres solutions.

— Tu dis : « il semblait ». C'est donc qu'il y en avait d'autres.

— Eh oui. Car une fois de plus, on était piégés par un modèle de financement dans lequel on allait chercher l'argent là où il existait déjà. Et cela nous aveuglait complètement sur la réalité des problèmes. Car quel était le vrai problème ? Le vrai problème était de savoir si on était capable de satisfaire les besoins de tous avec une proportion d'actifs de plus en plus réduite. Vu sous cet angle, les solutions apparaissent bien différentes. Ainsi, choisir de réduire le niveau des pensions revient à contraindre les retraités à restreindre leurs dépenses : ça peut être un choix judicieux si on considère que l'offre de biens et services ne peut pas augmenter face à une population vieillissante, mais il ne faudrait pas que cela conduise certains retraités à vivre dans la misère. Soyons clair : cette solution consiste à réduire la consommation des retraités. Elle aura donc un impact négatif sur l'emploi. C'est donc une solution qui ne doit pas être choisie dans une période de chômage : elle n'a de sens que dans une période de plein emploi, où on n'arrive plus à accroître suffisamment l'offre de biens et services pour faire face à la demande. Et l'idéal est de trouver le niveau des pensions qui va permettre de générer suffisamment d'activités pour qu'il n'y ait pas de chômage. Mais le problème, c'est qu'à l'époque, en France, le niveau des pensions dépendait directement des taux de cotisation sur les rémunérations des actifs.

— Tu veux dire qu'on ne pouvait pas déterminer le niveau des pensions librement ?

— Eh non, car à l'époque, souviens-toi, on croyait que l'argent qu'on donnait aux uns devait toujours provenir de quelque part où il existait déjà.

— Sauf pour les crédits bancaires, intervint Sophia.

— Absolument. Mais pour les retraites, on croyait que les pensions versées devaient provenir des rémunérations des actifs. Ce mode de financement s'appelait le système de retraite par répartition.

— Et il existait d'autres systèmes pour financer les retraites ?

— Oui. Dans certains pays, les retraites étaient financées par capitalisation : les actifs devaient mettre de l'argent de côté au cours de leur carrière professionnelle et le confier à des fonds de pension qui étaient chargés de le faire fructifier et de le leur reverser sous forme de pension au moment de la retraite.

— Et le système de retraite par capitalisation était-il mieux adapté pour faire face au vieillissement de la population ?

— Rien n'est moins sûr. Ce qui est certain, c'est que le système de retraite par capitalisation avait pour effet de générer une forte épargne, qui permettait de réaliser de gigantesques placements financiers, effectués par les fonds de pension. Il aurait donc pu permettre d'investir massivement afin d'accroître l'offre de biens et services pour faire face à la demande croissante des retraités. Mais la réalité, c'est que les fonds de pension ont pris le contrôle de nombreuses entreprises occidentales, et ont bien souvent exigé qu'elles délocalisent leur production à l'étranger (bien souvent en Asie) afin de réaliser un maximum de profits à court terme et de toucher ainsi un maximum de dividendes. Résultat : les fonds de pension ont contribué de façon massive à la destruction progressive des outils de production en Occident.

— Tu veux dire que ce système a eu pour effet de réduire la production nationale de biens et services au moment où la population vieillissait.

— Exactement. Et les pays occidentaux sont devenus de plus en plus dépendants des importations pour satisfaire leurs besoins.

— Mais alors pourquoi choisir un système par capitalisation ?

— En fait, il y a quelque chose de rassurant dans la capitalisation : on a le sentiment de mettre de l'argent de côté pour sa propre retraite ; on se sent donc responsable, même si le fait de confier son argent à des fonds de pension représente un risque non négligeable. Alors que dans le système par répartition, on doit compter à chaque instant sur les actifs pour financer les pensions des retraités : et si l'argent venait à manquer, que se passerait-il ? Comment les retraites seraient-elles financées ? Il y a là quelque chose d'angoissant.

— Mais l'argent ne peut jamais manquer. Seule la production de biens et services peut être insuffisante pour combler les besoins.

— Aujourd'hui, c'est ainsi qu'on voit les choses. Mais à l'époque, on avait vraiment peur que l'argent ne manque pour financer telle ou telle chose. Et au lieu de se préoccuper de la production, le seul souci était de savoir où on pourrait trouver l'argent pour financer les retraites. Comme si l'argent était une matière qu'on pouvait puiser quelque part et non la représentation symbolique des richesses réelles.

— Que veux-tu dire ?

— Imagine que des gens aient mis plein d'argent de côté au cours de leur carrière professionnelle mais que le jour où ils prennent leur retraite, il y ait très peu d'actifs du fait du vieillissement de la population : alors l'offre de biens et services serait très restreinte et les prix grimperaient en flèche pour cause de pénurie. Dès lors cette épargne perdrait toute sa valeur. Par conséquent, la seule chose qui compte, c'est que la production soit suffisante par rapport aux besoins : c'est cela qui fait la valeur de l'argent. Et non le fait d'en avoir mis de côté ou d'en prélever sur les actifs. C'est une illusion de croire que l'argent aura toujours la même valeur et qu'il suffit d'en mettre de côté pour être à l'abri du besoin ou qu'il suffit d'en prélever sur les actifs pour financer les retraites. La seule façon de s'assurer que l'ensemble de la société sera toujours à l'abri du besoin, c'est de faire en sorte que la production reste toujours suffisante. Or les deux systèmes de financement des retraites étaient contreproductifs de ce point de vue.

— Comment cela ?

— Eh bien, comme je te l'ai dit, le système par capitalisation a tendance à détruire les outils de production et donc l'emploi : en effet, les fonds de pension cherchent à maximiser leurs rendements à court terme, et pour ce faire, ils exigent des entreprises dans lesquelles ils investissent qu'elles soient le plus rentables possible à court terme, ce qui passe bien souvent par des licenciements et des délocalisations. C'est un problème systémique : on ne peut incriminer les fonds de pension pour cela, car leur mission est de maximiser leurs rendements à court terme. C'est ce qu'on leur demande. Par conséquent, si on veut que ce système destructeur cesse de fonctionner, il n'y a pas d'autre solution que de supprimer les fonds de pension. De toute façon, comme tu le sais, cette épargne massive ne sert désormais plus à rien, puisqu'on a trouvé d'autres moyens de financer le développement des entreprises.

— Donc le système de retraite par capitalisation a totalement disparu aujourd'hui.

— En tant que système, oui. Mais ça n'empêche pas chacun de mettre de l'argent de côté pour ses vieux jours s'il le souhaite et si ça le rassure.

— Donc aujourd'hui, les pensions sont financées par un système par répartition ?

— Oui, mais quelque peu modifié par rapport à celui qui existait au début du siècle. En effet, à l'époque, tel qu'il était conçu, il générait des incohérences flagrantes. Ainsi, pour équilibrer les comptes des caisses de retraite, on avait décidé dans la plupart des pays de retarder l'âge de départ à la retraite à un moment où il y avait beaucoup de chômage, notamment chez les jeunes. De toute évidence, pour réduire le chômage, il aurait fallu au contraire que les plus âgés laissent leur place aux jeunes. Et les syndicats de pointer cette incohérence pour demander que le départ à la retraite soit maintenu à 60 ans.

— Mais, si la production est la même, il vaut mieux que ce soient les plus jeunes qui travaillent, non ?

— De toute évidence, oui. Et pourtant, le mode de financement des retraites de cette époque a conduit à choisir la solution inverse, qui est totalement contraire au bon sens. On est bien d'accord. Quand je te dis que certains systèmes peuvent nous conduire à faire des choses totalement absurdes !...

— Là pour le coup, c'est flagrant.

— De la même manière, réduire le montant des pensions dans une période de stagnation voire de dépression, comme ce fut le cas après la crise de 2008, ne fait que contribuer à ralentir l'activité et à détruire des emplois. Dans une telle période, il eût été souhaitable au contraire d'augmenter le niveau des pensions afin de relancer l'activité économique et la création d'emplois. Mais à l'époque, on ne le pouvait pas. Ou alors il aurait fallu augmenter les cotisations sur les rémunérations des actifs, ce qui aurait eu pour effet de réduire leur pouvoir d'achat. Bref les solutions mises en œuvre à l'époque pour faire face au vieillissement démographique étaient toutes défavorables à l'activité économique et à l'emploi. D'où leur impopularité. Quand on faisait une réforme des retraites, on considérait que c'était une nécessité, qu'il fallait en passer par là, mais que ça se ferait nécessairement au détriment de tous : ceux qui devraient payer plus de cotisations, ceux qui verraient leurs pensions réduites et ceux qui devraient travailler plus longtemps. Bref rien de positif là-dedans. Et on regrettait le bon vieux temps où l'on pouvait prendre sa retraite à 60 ans avec un bon niveau de vie. Mais cela, disait-on, appartenait au passé, car avec le vieillissement de la population, cela ne serait plus possible. Ce qui est incroyable, vu d'aujourd'hui, c'est qu'à aucun moment on ne raisonnait en termes de capacité à satisfaire les besoins de tous. Or c'était la seule chose qui comptait vraiment. En vérité, la seule chose dont on aurait dû se soucier était non pas où on pourrait trouver l'argent pour financer les retraites, mais comment faire en sorte que tous les besoins soient satisfaits. On aurait donc dû être concentré sur la richesse réelle plutôt que sur des masses d'argent fictives. Et ce qu'on aurait découvert alors aurait été proprement stupéfiant.

— Ah bon. Pourquoi ?

— Parce qu'on se serait rendu compte qu'on faisait alors exactement l'inverse de ce qu'il aurait fallu faire. En effet, en période de chômage de masse, il aurait fallu augmenter le niveau des pensions et abaisser les taux de cotisation afin d'accroître le pouvoir d'achat des retraités et des actifs, ce qui aurait permis de relancer la consommation et donc l'activité économique. Et avec l'aide des prêts bancaires, on aurait ainsi pu accroître les capacités de production et créer des emplois. On aurait même pu avancer l'âge de la retraite afin de laisser la place aux jeunes. Mais pour faire cela, il aurait fallu pouvoir créer de la monnaie pour payer une partie des pensions. Or les caisses de retraite n'avaient pas ce pouvoir. Ni l'État. Et par conséquent, on était à l'époque dans une impasse et dans l'incohérence la plus totale.

— Et aujourd'hui, les caisses de retraite ont le pouvoir de créer de la monnaie ?

— Bien sûr. À partir du moment où la proportion de retraités varie en permanence en fonction de l'évolution démographique, et notamment du taux de natalité, de l'espérance de vie, des maladies, de l'immigration, et de nombreux autres facteurs, il est absurde de compter sur la seule variation des taux de cotisation d'une population d'actifs qui elle-même varie, pour financer intégralement les retraites. Par conséquent, le financement des retraites doit être un dosage subtil de cotisations et de création ou de destruction monétaires de façon à assurer un niveau de vie suffisant aux retraités tout en assurant le plein emploi des actifs et en maîtrisant l'inflation. Tout un art !...

— Waouh ! Ça m'a l'air bien compliqué !

— Pour te donner un exemple : imaginons qu'on soit en période de plein emploi et que la population continue à vieillir. Si on veut maintenir le même niveau de vie pour les retraités, on a deux solutions : soit on crée de la monnaie pour payer les pensions des retraités supplémentaires et on augmente ainsi la consommation totale des retraités, en espérant que les entreprises vont augmenter leur productivité, ce qui permettra de maintenir une production suffisante ; soit on considère qu'on ne peut plus augmenter la productivité et dans ce cas, il faut inciter la population à travailler plus longtemps, même à temps partiel, afin d'accroître la proportion d'actifs. Mais si on ne peut plus augmenter la productivité, ni le nombre d'actifs, alors il faut se résoudre à diminuer le niveau des pensions, dès lors qu'on considère que la production ne peut plus augmenter. Tout cela est très théorique. Dans la réalité, on peut souvent jouer sur tous ces facteurs : par exemple, pour augmenter la proportion d'actifs, on peut faire venir des travailleurs de l'étranger, comme l'a fait l'Allemagne au début du siècle, alors qu'elle devait faire face à un vieillissement très important de sa population, au point que la population totale avait tendance à diminuer, ce qui est très rare d'un point de vue historique. Mais à la même époque, la France, elle, avait largement les moyens d'augmenter sa production sans immigration, car il y avait plus de 10% de chômeurs et des capacités de production sous-utilisées.

— Si j'ai bien compris, la première chose qu'il faut faire, c'est atteindre le plein emploi. Et ensuite, on peut jouer sur la création ou la destruction monétaire, les taux de cotisation, le niveau des pensions, l'âge de départ à la retraite, et même l'accueil d'étrangers, en fonction de l'évolution démographique, des capacités à augmenter la productivité et la production, des risques inflationnistes, etc.

— Waouh ! Tu as une capacité de synthèse impressionnante ! C'est exactement cela. Mais surtout, je voudrais insister sur le fait qu'on ne peut pas sauver un système de retraites en utilisant des moyens qui ont pour conséquence de ralentir l'activité économique. De la même manière qu'on ne peut pas désendetter un État en prélevant plus d'impôts et en réduisant les dépenses publiques, car cela a pour premier effet de ralentir l'activité économique et donc les recettes fiscales. C'est une évidence. Mais quand on ne dispose pas du pouvoir de création monétaire, on se retrouve nécessairement dans une impasse.

— Tu as parlé aussi de destruction monétaire. Dans quels cas l'utilise-t-on ?

— Très bonne question. Imagine que soudain, la natalité explose et qu'on se retrouve quelques années plus tard avec une très forte proportion d'actifs et une très faible proportion de retraités (pour quelque temps). Pendant cette période on pourrait choisir de baisser les taux de cotisation, mais alors on se retrouverait avec une forte augmentation du pouvoir d'achat des actifs. On peut alors préférer détruire de la monnaie, provenant des cotisations, afin de ne pas augmenter de façon excessive la production. Ça peut être un choix, guidé par des considérations écologiques par exemple.

— Ah oui, tu ne m'as pas encore parlé d'écologie...

— Eh bien, je t'en parlerai avec grand plaisir cet après-midi.

Sur ce, Sophia partit dans le jardin et courut vers sa grand-mère qui prenait soin des roses. Elle mit ses bras autour de sa taille et sa grand-mère lui caressa les cheveux délicatement, puis elle l'embrassa tendrement sur le front.

« Quelle merveille d'avoir le temps de prendre soin de ses petits-enfants » se dit sa grand-mère. « Y a-t-il rien de plus précieux que de passer du temps avec ceux qu'on aime ? Et puis, ça ne coûte rien !...»

C'est sur ces considérations silencieuses que toutes deux rentrèrent dans la maison pour déjeuner.

CHAPITRE 9

L'ÉCOLOGIE

En début d'après-midi, Sophia vint retrouver son grand-père qui se reposait sur une chaise longue à l'ombre d'un grand chêne.

— Papy, il a quel âge le chêne ?

— Je ne sais pas précisément. Mais, vu sa taille, il est probablement plus vieux que moi. Les gens du village disent qu'il a plusieurs centaines d'années.

— Waouh ! Mais c'est énorme !

— Oui, et certains chênes peuvent même vivre plus de mille ans. Mais ce qui m'impressionne le plus, c'est la quantité de bois qui peut être produite de façon naturelle par les arbres grâce à la photosynthèse chaque année.

— Pourquoi tu dis : « de façon naturelle » ?

— Parce que les humains n'interviennent nullement dans ce processus. Cela se fait spontanément. Bien sûr les humains peuvent planter ou couper les arbres, mais ils n'interviennent pas dans la production de matière. Et c'est pourquoi le bois constitue une des principales matières renouvelables de la planète, qu'on utilise de plus en plus dans tous les domaines. Au début du siècle, le bois avait été quelque peu délaissé au profit du plastique, qu'on trouvait beaucoup plus pratique. Mais le plastique était une matière non renouvelable, issue du pétrole dont les ressources s'épuisaient petit à petit. Et un jour ou l'autre, il viendrait à disparaître. Au contraire du bois qui peut se renouveler pour l'éternité.

— Si je comprends bien, il vaut mieux utiliser des matières renouvelables plutôt que des matières non renouvelables.

— C'est la base même de l'écologie : si on veut que les générations à venir puissent satisfaire leurs besoins, alors il faut éviter au maximum d'épuiser les ressources non renouvelables, et donc privilégier et gérer intelligemment les ressources renouvelables. Mais cela ne suffit pas.

— Ah bon. Et que faut-il faire d'autre ?

— Eh bien, il est souhaitable de recycler au maximum tout ce qui peut l'être, de façon à réutiliser le plus possible les matériaux et à en jeter le moins possible aux ordures. Dans ce domaine, d'immenses progrès ont été faits depuis le début du siècle. Mais il y a autre chose que l'on peut faire…

— Et quoi donc ?

— Augmenter la durabilité des produits.

— Ça veut dire quoi ?

— Eh bien, par exemple, dans le domaine de l'électroménager, de l'électronique et de la hi-fi, on a réussi à augmenter fortement la durée de vie des machines à laver, des réfrigérateurs, des cuisinières, des aspirateurs, des ordinateurs et autres écrans, etc.

— Ah bon ? Et comment ?

— Eh bien, on a demandé aux fabricants de construire des machines qui durent le plus longtemps possible et de les garantir le plus longtemps possible.

— Ça veut dire quoi : « garantir une machine » ?

— Garantir, c'est assurer au client que la machine fonctionnera correctement pendant toute la durée de la garantie. Si jamais elle tombe en panne à un moment où elle est sous garantie, le fabricant doit effectuer gratuitement les réparations nécessaires ou remplacer la machine, ce qui lui coûte cher dans les deux cas. C'est pourquoi les fabricants ont intérêt à ce que leurs produits fonctionnent parfaitement pour une durée supérieure à celle de la garantie. Par conséquent plus la durée de la garantie est longue, plus la durée de vie des produits le sera aussi.

— Je comprends...

— Mais cela ne suffit pas. Pour que fabricants, vendeurs et clients aient intérêt à prolonger la durée de vie des produits, on a mis en place un nouveau système d'affichage des prix et de financement. En effet, au lieu d'afficher un prix total pour le client, comme ça se faisait auparavant, on a demandé que soit affiché le coût annuel de la machine pour le client en fonction de la durée de garantie. Par exemple, si une machine est garantie 10 ans et que son prix est de 1000, alors son coût pour le client sera de 100 par an pendant 10 ans. À l'inverse, une machine moins solide garantie 5 ans mais dont le prix est de 750 aura un coût de 150 par an pendant 5 ans. Dans ce cas, la machine moins solide coûte donc 50% plus cher par an que la plus solide, malgré un prix total 25% moins cher. Ainsi le client voit vraiment ce que lui coûte la machine chaque année. D'autant plus que désormais ce type de machines est toujours payé à crédit : chaque année le client paye le coût annuel du produit sous garantie.

— Tu veux dire que désormais les clients ne connaissent plus le coût total de la machine ?

— Ils peuvent toujours le calculer (ce qui est très facile) mais il n'est plus affiché, pour éviter qu'ils soient attirés par le prix atemporel le moins cher, comme cela se faisait auparavant.

— « Atemporel » ? Ça veut dire quoi ?

— Qui ne tient pas compte du temps. Autrefois, on achetait souvent des objets sans prendre en compte leur durée de vie. D'où un gâchis immense.

— Et le fait d'avoir rallongé les durées de garantie et d'afficher un coût annuel pour les machines a suffi à résoudre ce problème ?

— Ça y a fortement contribué en tout cas. Mais il restait un problème à résoudre du côté des fabricants : il était indispensable qu'ils touchent la totalité du prix des machines dès leur vente, car ils doivent payer leurs fournisseurs et leurs salariés. C'est pourquoi, il a été décidé que la banque de l'acheteur verserait la totalité du prix de la machine au commerçant qui pourrait ainsi lui-même payer le fabricant. Par la suite, l'acheteur paie donc à sa banque les annuités correspondant au coût annuel de la machine, sans intérêts. Grâce à ce système, clients et fabricants ont donc intérêt à prolonger la durée de vie des produits au maximum. En effet, plus le produit est durable, moins il coûte cher annuellement, et donc plus il se vend. Alors qu'auparavant, les produits de qualité avaient beau durer plus longtemps et coûter moins cher sur le long terme, ils étaient difficiles à vendre, car peu de gens avaient suffisamment d'argent de côté pour se les procurer, car leur prix était élevé. Par conséquent, le simple fait d'avoir permis un achat systématique à crédit pour ce type de produits a eu un effet écologique majeur. Mais là encore, une telle révolution n'eût pas été possible sans la réforme du système bancaire. Car il s'agit bien ici de crédits sans intérêt ! Et grâce à cette réforme, nous avons pu nous libérer des contraintes financières pour résoudre des problèmes réels. Aucune raison financière ne devrait en effet nous empêcher de résoudre des problèmes : les seules contraintes devraient être physiques et uniquement physiques.

— Qu'entends-tu par là ?

— Eh bien, dans la réalité, les seules contraintes sont : le manque d'espace, le manque de matière disponible, le manque de compétences et de personnes disponibles. Bref des choses réelles, tangibles. Mais manquer d'argent, ça ne devrait pas exister, du moins d'un point de vue collectif. Bien sûr une personne peut manquer d'argent si ses revenus sont insuffisants pour combler ses besoins, ou si elle dépense plus que ce qu'elle gagne. Mais pas une collectivité. Les seules limites de la collectivité sont physiques. Et elles sont suffisamment contraignantes pour qu'on n'y rajoute pas des contraintes virtuelles d'ordre financier. Tu comprends bien la différence entre ce qui est physique et ce qui est virtuel, tel l'argent.

— Ben oui : l'argent n'est pas une matière. Il peut être créé et détruit à volonté.

— Et il y a mieux : c'est nous qui déterminons les règles de la création et de la destruction monétaires, en fonction de nos intérêts et de nos contraintes.

— De nos contraintes ?

— Oui. Par exemple, si nous observons l'épuisement progressif d'un minerai très utile, nous pouvons tout faire pour réduire son utilisation, en finançant le développement de nouvelles technologies permettant de s'en passer. Mais si nous observons l'épuisement progressif de la plupart des minerais, sans trouver de technologies alternatives, alors, par souci des générations à venir, nous pouvons choisir de réduire la consommation globale de biens et services, en détruisant de la monnaie. Dans ce cas, il faut veiller à ce que chacun garde une activité et que cela ne conduise pas à un chômage de masse. Mais cela est tout à fait possible. Si on fait le choix de produire moins de choses — ce qui est d'ailleurs le cas quand on choisit de rallonger la durée de vie des produits électroménagers — alors on a deux possibilités : soit on prend plus de temps pour produire chaque chose, soit on passe moins de temps à travailler.

— Je ne comprends pas...

— Eh bien, dans certains secteurs, comme l'agriculture ou l'ameublement, on a choisi de réduire la productivité du travail afin de privilégier la qualité des produits. Ainsi, dans l'agriculture, pour respecter au maximum l'environnement, on a dû embaucher plus de main-d'œuvre que par le passé pour produire la même quantité d'aliments. La productivité de l'agriculture a donc diminué, pour le plus grand bienfait de l'humanité. De la même manière, dans le domaine de l'ameublement, on a préféré fabriquer des meubles plus solides et plus beaux, financés à crédit, ce qui a relancé la menuiserie et l'ébénisterie, et par là même diminué fortement la productivité dans ce domaine, pour le plus grand bénéfice des artisans, de la beauté des intérieurs de maison et de l'environnement.

— Si je comprends bien, ça veut dire qu'il y a eu de plus en plus de gens à travailler dans ces secteurs.

— Oui, et ce en dépit de la baisse de la quantité produite dans les secteurs qui ont prolongé la durée de vie des produits. En revanche, dans certains secteurs, la productivité du travail a continué à augmenter, notamment grâce à la robotique et à l'informatique. Et dans ces secteurs, on a parfois choisi de réduire le temps de travail.

— Tu veux dire qu'on a obligé les gens à travailler moins longtemps ?

— Exactement. Cela ne faisait d'ailleurs que suivre le cours de l'histoire, puisque la durée hebdomadaire du travail est passée de près de 60h au XIXe siècle à 35h au début du XXIe siècle en France. Et il y a fort à parier que pour produire la même chose qu'au début de notre siècle, on pourrait se contenter de travailler moins de 20h par semaine aujourd'hui, grâce aux gains de productivité. Alors imagine : si on choisit de réduire notre consommation pour préserver les ressources pour les générations à venir, peut-être aurons-nous besoin à l'avenir de travailler moins de 10h par semaine pour produire ce qui nous est indispensable. À moins que cela soit compensé par une baisse de la productivité dans certains secteurs. Ou que chacun ait plusieurs activités : une très productive, et une autre plus créative ou artisanale. Mais en vérité, la question ne se pose pas du tout de la même manière dans tous les secteurs : on aura toujours besoin de soignants et il n'est pas souhaitable que leur productivité soit accrue, car leur temps de présence auprès des patients est précieux. De même, il n'est probablement pas souhaitable d'accroître la productivité des enseignants. Au contraire, plus ils seront présents auprès des élèves et plus ceux-ci apprendront vite et bien. Quoi qu'il en soit, même si nous pouvions travailler très peu pour combler nos besoins essentiels, nous trouverons toujours des tas d'activités à faire : jouer de la musique, danser, faire la fête, passer des soirées entre amis, faire des massages, jouer, prendre soin de ses enfants et petits-enfants, se balader. Et la plupart de ces activités n'épuisent pas les ressources de la planète.

— Donc, si je comprends bien, que l'on décide d'accroître ou de réduire la production, il est toujours possible que chacun ait une activité.

— En effet, il y a de très nombreuses solutions pour veiller à ce que chacun se sente utile et participe à la satisfaction des besoins, qu'on choisisse une augmentation ou une baisse de la production. Mais au début du siècle, une grande partie de l'humanité était obsédée par cette idée : produire et consommer toujours plus, pour améliorer son niveau de vie. Et pourtant, dès la fin du XXe siècle, on a commencé à prendre conscience des limites des ressources de la planète : on a commencé à observer l'épuisement progressif mais rapide de certaines d'entre elles, notamment le pétrole, les minerais, mais aussi certaines espèces de poissons. Et on a cherché comment les préserver. Mais à cette époque, tout le système économique reposait sur la croissance : beaucoup d'entreprises avaient besoin de croître pour payer les intérêts de leurs emprunts ou pour satisfaire les exigences de profits des actionnaires ; l'État avait besoin de croissance pour payer les intérêts de sa dette, et il semblait qu'on ne pouvait créer d'emplois que s'il y avait au moins 2% de croissance. Bref tous les acteurs semblaient otages de cette croissance et le système ne pouvait pas fonctionner sans croissance. Par conséquent, si on n'avait pas changé les règles de financement du système, les ressources de la planète auraient rapidement disparu. Même les ressources renouvelables, car on les consommait alors souvent à un rythme supérieur à leur rythme naturel de renouvellement. Ainsi, la suppression des taux d'intérêt et la réappropriation par la collectivité du pouvoir de création et de destruction monétaires ont été les éléments essentiels qui ont permis de préserver les ressources de la planète pour les générations à venir. Et de ne plus polluer.

— Quel rapport y a-t-il entre la pollution et les règles de financement ?

— Un rapport direct. En effet, au début du siècle, pour réduire la pollution, on utilisait différents moyens : édicter de nouvelles normes pour interdire telle ou telle pratique polluante (comme le rejet de certains produits toxiques dans les rivières), mettre en place une fiscalité écologique pour inciter à polluer moins. Mais cela coûtait cher aux entreprises et certaines étaient tentées de frauder pour faire des économies. Pire, dans les pays les plus pauvres dans lesquels avait été délocalisée la plus grande partie de la production mondiale, les normes étaient beaucoup plus laxistes, et souvent pas respectées. D'où une pollution monstrueuse aux conséquences sanitaires catastrophiques dans certains pays. Dans ces cas, il eût été souhaitable que la collectivité prenne à sa charge le coût de la dépollution et des investissements nécessaires pour ne plus polluer. C'eût été dans l'intérêt de tous. Au lieu d'incriminer les patrons de ces entreprises polluantes, il eût été beaucoup plus efficace de financer intégralement une politique publique permettant d'éradiquer la pollution. Mais évidemment, cela aurait coûté très cher et les États ne croyaient pas en avoir les moyens à l'époque. Et pourtant, il ne nous a pas fallu plus de dix ans après que nous avons recouvré la capacité de création monétaire pour supprimer totalement toute forme de pollution à la surface de la planète, car nous disposions déjà des technologies et du savoir-faire le permettant. Seul l'argent manquait jusque-là.

— Tu veux dire qu'on a pollué la planète uniquement parce qu'on manquait d'argent ?

— Plus exactement : on aurait pu éviter de la polluer, si on n'avait pas cru que les États manquaient d'argent. Car il ne manquait ni les techniques, ni les compétences, ni les personnes disponibles pour éviter et éradiquer la pollution. D'ailleurs, à l'époque, quand on disait qu'on n'avait pas les moyens de faire telle ou telle chose, cela voulait généralement dire qu'on n'en avait pas les moyens financiers, c'est-à-dire qu'on n'avait pas assez d'argent disponible pour le faire, quand bien même on en avait les moyens physiques, c'est-à-dire qu'on disposait des ressources matérielles et humaines pour le faire.

— Tu veux dire que le virtuel avait plus d'importance que le réel. Que le fait d'avoir suffisamment d'argent était plus important que de disposer des ressources matérielles et humaines pour réaliser un projet.

— Absolument. Et cela était dû au fait que la collectivité ne disposait pas du pouvoir de création monétaire. Et contrairement à ce que certains ont pu croire à l'époque, reprendre le pouvoir de création monétaire ne conduit pas nécessairement à épuiser plus vite encore les ressources de la planète. Bien au contraire, cela permet de financer aisément n'importe quel projet, et notamment les projets les plus écologiques, ceux qui vont permettre de ne plus polluer, de recycler au maximum, de développer des infrastructures de transports écologiques, d'isoler les bâtiments, de revenir à une agriculture respectueuse de l'environnement, etc.

— Parce qu'autrefois on n'arrivait pas à financer tout ça ?

— Pour prendre un exemple : l'isolation des bâtiments posait un gros problème de financement. Pour réduire la consommation de chauffage, il était évident qu'il fallait améliorer l'isolation de tous les bâtiments, en changeant les vieilles fenêtres et en isolant les murs et les toits. Mais cela coûtait très cher, et les économies réalisées chaque année sur les frais de chauffage ne compenseraient le coût des travaux d'isolation qu'au bout de plusieurs dizaines d'années. Ce qui fait que peu de gens avaient intérêt à faire ces travaux pour des raisons financières. C'est pourquoi les gouvernements utilisèrent les crédits d'impôt pour inciter à faire de tels travaux. Mais cela était insuffisant. Il était absolument indispensable que la collectivité finance en grande partie, voire intégralement dans certains cas, les travaux d'isolation pour qu'ils se fassent. C'était un problème systémique. Pour que certaines choses se fassent, il est indispensable qu'elles soient financées au moins partiellement, et parfois intégralement, par la collectivité : ainsi en est-il de l'éducation, de la santé, mais aussi de la culture, et notamment de la musique, du théâtre et de l'opéra.

— Ah bon. Et pourquoi ?

— Parce que, pour prendre simplement l'exemple des spectacles culturels, les recettes liées à la billetterie sont bien souvent insuffisantes pour couvrir les frais, même quand le spectacle est un succès.

— Ah bon ? Moi je croyais que les spectacles étaient financés par les billets achetés par les spectateurs.

— Eh bien non. Ce ne serait pas suffisant dans la plupart des cas. À propos, nous t'avons réservé une surprise pour ce soir : nous avons prévu d'aller à un concert de musique classique interprété par l'orchestre et le chœur du Lycée. Ça te dit ?

— Oh oui alors ! dit Sophia enthousiaste. J'adore la musique classique. Et quel est le programme ?

— Le Stabat Mater de Pergolèse et le Requiem de Mozart.

— Waouh ! Mais c'est magnifique !

— Eh oui, le Lycée a un très bon niveau musical, maintenant que des musiciens professionnels y enseignent et dirigent l'orchestre et le chœur.

— Je sais, moi-même je prends depuis peu des cours de violon au sein de mon établissement et je fais partie de l'orchestre.

— En plus des cours de piano ?

— Eh oui ! dit fièrement Sophia.

Au cours du dîner, Sophia expliqua à ses grands-parents tout ce qu'elle apprenait en musique, les différentes sortes de musique qu'elle pratiquait, ses goûts musicaux très éclectiques. Comme tous les enfants, et tous les adultes, la musique avait une place essentielle dans sa vie.

CHAPITRE 10

LA CULTURE

Avant le début du concert, Sophia observa les musiciens qui s'installaient et elle fit remarquer à son grand-père que certains étaient trop vieux pour être lycéens.

— Tu as raison. Certains sont des musiciens professionnels. En effet, quand aucun lycéen ne joue de tel ou tel instrument pourtant indispensable, on est obligé de faire appel à des professionnels, notamment pour la contrebasse et pour certains instruments à vent. C'est pourquoi, même un orchestre amateur, dans lequel les musiciens jouent bénévolement, coûte de l'argent : il faut payer les musiciens professionnels, rembourser leurs frais de déplacement, rémunérer le chef d'orchestre, le chef de chœur et éventuellement les musiciens qui font répéter chaque type d'instruments. Quand je jouais dans un orchestre de jeunes étudiants amateurs à Paris, le chef était obligé de rechercher en permanence des financements auprès de mécènes.

— C'est quoi des mécènes, papy ?

— Chut ! Le concert commence. Je te raconterai ça après.

Sophia fut émerveillée par le Stabat Mater de Pergolèse et pendant l'entracte, elle fit remarquer à son grand-père que les deux cantatrices n'étaient de toute évidence plus lycéennes elles non plus.

— Oui, pour que le concert soit magnifique, on a préféré engager des professionnelles de très haut niveau, car cette œuvre est très difficile à interpréter.

— Ce qui veut dire qu'il a fallu les payer elles aussi ?

— Absolument. Et même très cher si tu veux tout savoir, car elles sont très demandées toutes les deux.

— Et alors, c'est quoi cette histoire de mécènes ?

— Eh bien, au début du siècle, pour financer les spectacles culturels, il y avait principalement trois ressources : la première était la billetterie, la deuxième les subventions publiques et la troisième le mécénat. Les mécènes étaient soit des personnes riches, soit des entreprises privées qui finançaient des spectacles culturels au travers de leurs fondations.

— Leurs fondations ?

— Oui, c'était une structure juridique créée par certaines entreprises privées pour faire des dons à des associations caritatives ou culturelles.

— Si je comprends bien, certaines entreprises privées finançaient des spectacles.

— Absolument. Et des orchestres aussi.

— Mais quel était leur intérêt ? Ça n'a aucun rapport avec leur métier ?

— C'était souvent pour se donner une bonne image, faire de la publicité. Mais c'était aussi pour certains patrons une façon de soutenir une structure ou un domaine pour lequel ils avaient une passion.

— Mais si à un moment donné, les mécènes n'avaient plus envie de financer tel ou tel orchestre, ou tel ou tel spectacle, que se passait-il ?

— Tu soulèves là le problème principal, à savoir la dépendance des structures culturelles vis-à-vis du secteur privé qui était source de stress et d'incertitude quant à l'avenir. Dans ces conditions, les artistes ne pouvaient pas créer en toute sérénité. D'ailleurs, sais-tu que si les compositeurs du XVIIe et du XVIIIe siècle ont été aussi productifs, c'est en grande partie grâce au soutien et à la générosité de leurs mécènes, qui pour la plupart étaient de grands seigneurs. C'est d'ailleurs à la demande d'un mécène que Mozart composa le Requiem que nous allons entendre maintenant.

— Tu penses qu'il y avait plus de créativité artistique à l'époque des seigneurs et des rois ?

— Plus, je ne sais pas. Mais en tout cas, les aristocrates cherchaient à montrer leur puissance et leur richesse en faisant étalage de luxe, de beauté et de raffinement, ce qui passait par le recrutement des meilleurs musiciens, écrivains, architectes, jardiniers, peintres et sculpteurs. C'est pourquoi on trouve tant d'œuvres artistiques datant des XVIIe et XVIIIe siècles. De toute évidence, il y a un lien entre le mode de financement des artistes et leur créativité.

— Et après la Révolution, comment ça se passait ?

— Eh bien, certains artistes arrivaient à trouver des mécènes, qui étaient souvent des grands bourgeois. D'autres, plus rares, vivaient de leurs succès, tels les grands écrivains ou les grands compositeurs. Mais la plupart vivaient dans la misère, au point que la vie d'artiste ne faisait pas beaucoup rêver, d'un point de vue matériel, car cela signifiait souvent vivre dans la précarité.

— Quoi ? Tu veux dire que les artistes, qui nous font frissonner, rire, pleurer, réfléchir, qui nous émerveillent par la beauté de leurs œuvres, tu veux dire que ces artistes n'étaient pas soutenus par la collectivité ?

— En fait, au cours du XXe siècle, on a mis en place progressivement un statut spécial pour certains métiers du spectacle, qui leur permettait d'avoir une certaine sécurité financière malgré la précarité de leurs contrats de travail. Mais cela restait insuffisant pour soutenir vraiment tous les artistes. Et ce n'est que récemment qu'on a vraiment révolutionné le mode de financement des arts, afin de donner toute leur place aux artistes dans la communauté.

— Et comment ça marche aujourd'hui ?

— Chut ! Le Requiem va commencer...

Sophia applaudit les musiciens et les choristes qui rentraient sur scène. Puis le silence se fit. Le chef d'orchestre leva sa baguette. Et les premières notes, graves, firent frissonner Sophia. Elle fut tout de suite bouleversée et les premières larmes coulèrent le long de ses joues. Ses grands-parents, tout aussi émus, la regardèrent avec tendresse. Sophia fut totalement captivée et touchée au plus profond de son âme par le Requiem de Mozart, à tel point qu'elle ne put dire un mot pendant tout le trajet du retour.

Ce n'est qu'une fois à la maison qu'elle retrouva la parole, devant le feu de cheminée.

— C'était absolument extraordinaire. Je n'ai jamais vécu cela auparavant. Je ne pensais pas qu'on pouvait ressentir une telle émotion en écoutant de la musique.

— Oui. La musique est une des choses les plus précieuses qui soit. Sais-tu qu'il n'existe pas une seule population au monde qui vive sans musique ? Elle est absolument indispensable à la vie. Alors, quand on peut atteindre le degré d'émotions que peut procurer le Requiem de Mozart, ce serait dommage de s'en priver. Et on ne peut que souhaiter que de tels chefs d'œuvre puissent être joués dans toutes les villes du monde. Et que tous les artistes soient soutenus et généreusement financés afin de pouvoir monter de tels spectacles. Personne n'a intérêt à ce que les artistes vivent dans la misère. Nous avons tous intérêt à ce qu'ils puissent donner le meilleur d'eux-mêmes. Mais pour cela, il faut qu'ils soient soutenus financièrement. Et c'est l'objet du nouveau système de financement des arts.

— Et comment fonctionne-t-il ?

— L'idée globale est que chacun puisse vivre de son art et donner le meilleur de lui-même. Mais les modes de financement sont très différents dans chaque domaine artistique. Ainsi, on ne finance pas un orchestre comme on finance une pièce de théâtre, on ne finance pas un opéra comme on finance une comédie musicale. En effet, certains spectacles sont très populaires et peuvent donc être financés essentiellement par la billetterie. D'autres, comme les opéras ou les orchestres professionnels sont extrêmement coûteux, et la billetterie ne peut pas suffire à les financer, d'où la nécessité de subventions publiques. Enfin certains spectacles sont plus confidentiels et ne pourraient pas exister sans le soutien de la collectivité. Mais cette diversité de financements pour les spectacles existait déjà au début du siècle en France.

— Alors qu'est-ce qui a changé ?

— Ce qui a changé, c'est que grâce à la réappropriation du pouvoir de création monétaire par la collectivité, on a pu financer beaucoup plus de choses dans le domaine artistique. Ainsi, l'apprentissage des arts a pris une place importante dans le cursus scolaire : comme tu le sais, presque tous les élèves apprennent désormais à jouer d'un instrument avec un musicien professionnel dans le cadre de l'école ; ils apprennent à peindre, à sculpter, à danser, avec des professionnels. Et le nombre d'artistes professionnels a augmenté de façon considérable par rapport à autrefois. Les revenus d'une grande partie des artistes sont donc assurés principalement par l'Éducation nationale. Mais la collectivité passe également de nombreuses commandes. Ainsi, l'esthétique est devenue une chose essentielle pour nos contemporains : on veille désormais à ce que nos villes et nos villages soient les plus beaux possible, en créant de magnifiques parterres de fleurs, en embellissant les bâtiments publics et en ravalant les façades des maisons et des immeubles.

— Ça veut dire quoi ravaler ?

— Ça veut dire qu'on nettoie et qu'on refait certains murs pour leur donner un aspect propre et neuf.

— Mais toutes les maisons sont propres et belles.

— Maintenant oui. Mais autrefois, beaucoup de murs et de façades de maisons étaient sales et délabrés, car leurs propriétaires n'avaient pas les moyens de les entretenir. Voyant cela, nous avons considéré que cette laideur était nuisible pour tous et que c'était donc à la communauté de la prendre en charge. C'est pourquoi ces travaux sont désormais financés publiquement. Et on propose même aux propriétaires d'y ajouter une touche de créativité en faisant appel à des artistes peintres qui peuvent décorer la façade ou les murs d'enceinte. Ce qui a amené beaucoup de couleurs dans nos villes et beaucoup de travail pour les artistes peintres. En outre ces derniers ont été sollicités pour décorer les bâtiments publics. Autant te dire qu'il y a beaucoup de travail dans le domaine de la décoration. Et pour le coup, ce ne sont pas des secteurs d'activité dans lesquels on cherche à augmenter la productivité : les artistes prennent leur temps pour produire ce qu'il y a de plus beau. Grâce au pouvoir de création monétaire, on atteint désormais le niveau et la qualité des décorations et ornements que l'on trouvait autrefois dans les plus beaux châteaux et palais. Sauf qu'aujourd'hui, ce ne sont plus seulement les seigneurs qui bénéficient d'une telle esthétique, mais toute la population. De la même manière, on fait appel aux meilleurs menuisiers, ébénistes, sculpteurs et peintres, pour tous les bâtiments publics, les écoles, les hôpitaux, de sorte qu'ils soient tous des chefs d'œuvre, comme pouvaient l'être les églises autrefois. L'idée n'est plus comme au début du siècle de construire des bâtiments fonctionnels qui coûtent le moins cher possible, mais de construire des bâtiments durables et magnifiques. Et pour cela, il faut embaucher beaucoup d'artisans et d'artistes, ce qui signifie que les travaux coûtent cher, pour le plus grand bénéfice de tous.

— Pourquoi dis-tu : « pour le plus grand bénéfice de tous » ?

— Parce que cela signifie que les bâtiments seront agréables à vivre, beaux à regarder, inspirants, mais aussi que leur construction donnera du travail et du plaisir à beaucoup de monde. Car il ne faut jamais oublier que lorsque quelque chose coûte cher à une collectivité, cela veut aussi dire que cela génère beaucoup d'activité et donc d'emplois. Évidemment, à l'époque où on avait des difficultés à financer les dépenses publiques, on pouvait être tenté de réduire ces dépenses. Mais c'était toujours aux dépens de l'emploi. Car toute dépense correspond quelque part à la rémunération d'un travail. Par conséquent, aujourd'hui où on n'a plus aucune difficulté à financer les dépenses de la collectivité, on a tout intérêt à privilégier des dépenses qui auront un impact maximal sur l'emploi et minimal sur l'environnement, ce qui est bien souvent le cas des arts. En effet, plus on prend de temps pour faire quelque chose de beau et moins on a d'impact sur la matière. La lenteur est bien souvent plus respectueuse de la nature que la vitesse et l'efficacité. Par conséquent, s'il est bien sûr essentiel d'être suffisamment efficace pour réussir à combler tous les besoins vitaux, il est néanmoins souhaitable de laisser une grande place aux arts, à l'esthétique et à la créativité lorsqu'une partie de la population est au chômage. Ainsi, on est certain que tout le monde aura une occupation et se sentira utile et épanoui. À ce propos, il y a un autre art dans lequel l'activité a très fortement augmenté depuis le début du siècle. Sais-tu lequel ?

— Non, je ne vois pas.

— Il s'agit de l'art culinaire.

— « L'art culinaire » ? C'est quoi, papy ? demanda Sophia qui n'avait jamais entendu cette expression.

— Il s'agit de l'art de préparer les repas.

— J'ignorais que dans ce domaine là aussi il y avait eu des changements.

— Et pas des moindres. En effet, au début du siècle, il y avait principalement deux façons de se nourrir : soit on préparait son repas soi-même, soit on mangeait un repas préparé par un professionnel (restaurateur ou boulanger par exemple). Mais beaucoup de gens n'avaient pas les moyens de manger dans un bon restaurant et pas le temps de se préparer un repas eux-mêmes, et ils mangeaient donc souvent un repas rapide et déséquilibré, comme un sandwich par exemple. Alors nous avons repensé totalement l'organisation et le financement des repas afin que chacun puisse avoir accès à une nourriture copieuse et équilibrée. Ainsi, pour le repas du midi, le système des chèques déjeuner ou des tickets restaurant payés en partie par certains employeurs a été généralisé et revalorisé de façon à améliorer la qualité des repas. Pour ce qui concerne le repas du soir, ceux qui n'ont pas le temps de cuisiner ont accès à un réseau de préparateurs de repas, dans lequel on trouve beaucoup de retraités. Bien souvent c'est un voisin ou une voisine qui vous prépare gentiment le repas du soir en fonction de vos goûts. Car la préparation d'un bon repas est juste une question de temps. Et les personnes à la retraite disposent de beaucoup de temps et ont souvent du plaisir à cuisiner. En outre cela leur permet de créer un lien avec leurs voisins, de se rendre des services mutuels, de se sentir utiles et d'être remerciées pour la qualité de leur cuisine. Bien entendu ce service est reconnu, qualifié et valorisé par la communauté. Grâce à ce nouveau système pour le déjeuner et le dîner, la qualité des repas a fortement augmenté et cela a créé beaucoup d'emplois.

— Pourquoi cela a créé beaucoup d'emplois ?

— Parce que plus on prend de temps pour préparer les repas, plus cela crée de l'activité et donc des emplois. Ainsi l'augmentation du tarif des chèques déjeuner a conduit les restaurants existants à embaucher du personnel et de nouveaux restaurants ont été créés. Cette seule mesure a quasiment doublé l'emploi dans le domaine de la restauration, avec un impact positif sur l'environnement.

— Pourquoi cela ?

— Parce que grâce à l'augmentation du prix des chèques déjeuner et au temps consacré par le réseau de préparateurs à la confection des repas, on peut désormais acheter des produits frais, plus chers et plus respectueux de l'environnement. C'est ainsi qu'on est revenu à une agriculture biologique à 100%. Désormais on ne cherche plus à se nourrir le moins cher possible, mais on s'est donné les moyens de faire des repas un moment de convivialité et de délectation. Il ne s'agit plus seulement de combler sa faim, mais de jouir des plaisirs des sens. C'est tout un art. Et pour que cela devienne possible, il faut s'en donner les moyens, notamment financièrement. Et là encore, le pouvoir de création monétaire a permis de se libérer des produits alimentaires industriels, trop gras, trop sucrés ou trop salés, des méthodes agricoles polluantes et des produits de mauvaise qualité. Bref cela a permis à tous d'accéder à une nourriture saine et fraîche, ce qui a également eu pour conséquence d'améliorer l'état de santé de la population.

— Quel rapport avec l'alimentation ?

— Tu sais, au début du siècle, dans de nombreux pays, l'un des phénomènes les plus préoccupants était l'augmentation de l'obésité.

— C'est quoi l'obésité ? demanda Sophia qui n'avait jamais entendu parler de ce phénomène.

— C'est le fait d'être en surpoids. En clair, d'être trop gros. Et c'était dû la plupart du temps à une alimentation trop grasse et trop sucrée, et à un manque d'activité physique. Dieu merci, avec notre mode d'alimentation actuel et les nombreuses activités physiques que nous pratiquons désormais, nous en sommes à l'abri. Mais à l'époque, cela posait de graves problèmes de santé et c'était extrêmement handicapant pour les personnes qui en souffraient.

— Mais pourquoi ils mangeaient des choses trop grasses et trop sucrées, si ça leur faisait du mal ?

— Parce que c'est addictif : dès qu'on s'habitue à ce type de nourriture, on ne peut plus s'en passer.

— Mais alors pourquoi les gouvernements n'ont-ils pas interdit ce type de nourriture ?

— Très bonne question !... Toujours est-il que ce type de nourriture a disparu grâce au nouveau système de repas. Et tout le monde s'en réjouit. Même les étudiants ont désormais accès à des repas de qualité, ce qui n'était pas le cas autrefois.

— Pourquoi ?

— Toujours pour des questions financières : les étudiants n'avaient pas beaucoup d'argent et ils devaient se nourrir à moindre coût, ce qui voulait souvent dire mal, même s'il existait des restaurants universitaires qui proposaient des repas à un prix très bas (car subventionnés par la collectivité). Mais la qualité des repas était inégale d'un restaurant universitaire à un autre. Ainsi, les étudiants étaient certainement la partie de la population qui se nourrissait le moins bien, pour des raisons purement financières. C'est pourquoi nous avons modifié le financement des études.

— Ah bon ? Mais ça se passait comment avant ?

— Je te raconterai cela demain, si tu veux bien. Pour le moment il est l'heure d'aller se coucher.

Sophia embrassa ses grands-parents et monta dans sa chambre. Avant de s'endormir, elle se dit que le monde devait être bien morne et triste au début du siècle, avec tous ces gens désœuvrés, ces maisons délabrées, ces écoles et ces hôpitaux inesthétiques, ces repas sans saveur. Et elle se dit qu'elle avait bien de la chance d'être née au milieu du XXIe, à une époque où chacun se sentait utile et veillait au bien-être de ses semblables et à la beauté des bâtiments et de l'environnement. Même si sa vision était un peu caricaturale, il faut avouer qu'elle n'avait pas complètement tort. Oui, le monde avait bien changé. Pour le meilleur et... pour le meilleur.

CHAPITRE 11

L'ÉDUCATION

Le lendemain matin, Sophia rejoignit ses grands-parents au petit déjeuner. Comme chaque matin, il y avait sur la table différents fruits, des céréales, du pain frais, du beurre, du miel et de la confiture. Et cette abondance paraissait on ne peut plus normale à Sophia. Et pourtant...

— Sais-tu que quand nous étions étudiants, certains de nos camarades avaient à peine de quoi se nourrir : ils mangeaient un bout de pain le matin, un sandwich le midi et un plat de pâtes le soir. Certains ne mangeaient même qu'un ou deux repas par jour, faute d'argent.

— Tu plaisantes ? Comment est-ce possible ? dit Sophia stupéfaite.

— Tu sais, jusqu'à 18 ans, la plupart des enfants vivent chez leurs parents. Ils mangent à la maison ou à la cantine, et c'est donc leurs parents qui veillent à ce qu'ils soient bien nourris. Mais quand ils deviennent étudiants, la plupart quittent la maison de leurs parents pour se loger à côté de l'université et ils deviennent responsables de leur propre alimentation.

— Ok. Et alors, ça change quoi ?

— Eh bien, pendant cette période, la plupart des étudiants n'ont pas de revenus provenant d'un travail. À l'époque, ils devaient donc compter sur leurs parents pour leur fournir l'argent nécessaire pour se nourrir. Or la plupart des parents ne pouvaient donner à leurs enfants étudiants qu'un budget limité pour payer leur loyer, leur alimentation et toutes les dépenses liées à leurs études. C'est pourquoi, la plupart des étudiants se retrouvaient avec des moyens très limités, voire insuffisants pour bien se nourrir. Ce n'était pas la faute des parents : le système de financement des études était mal conçu.

— Mais pourquoi on ne donnait pas une bourse aux étudiants comme aujourd'hui ?

— Les bourses existaient déjà, mais uniquement pour les enfants méritants des familles les plus pauvres. En outre, leur montant était limité et souvent il ne permettait pas aux étudiants boursiers de faire face à leurs dépenses. La plupart étaient ainsi obligés de faire des petits boulots à côté de leurs études pour s'en sortir, ce qui les désavantageait par rapport à leurs camarades dont les parents étaient plus riches. Bref, le système était très insatisfaisant.

— Mais pourquoi on ne donnait pas des bourses d'un montant suffisant à tous les étudiants ?

— Pour des raisons financières : à l'époque, on considérait que l'État n'avait pas les moyens d'offrir une bourse à chaque étudiant. Et pourtant, l'État finançait déjà quasi intégralement les universités, il finançait partiellement les logements étudiants en versant des allocations et il subventionnait les restaurants universitaires. Par conséquent, il ne restait à la charge des étudiants, et donc de leurs parents, qu'une part réduite du coût réel de leurs études. Et cette part aurait très bien pu être prise en charge par l'État, ce qui d'ailleurs était le cas dans certains pays scandinaves, où une allocation généreuse était versée chaque mois à tous les étudiants. Comme quoi, même à cette époque, c'était déjà possible. Mais bien entendu, le fait que les États aient récemment recouvré le pouvoir de création monétaire a permis de généraliser enfin les bourses étudiantes, sans que cela pose le moindre problème pour les finances publiques. Et ce pour le plus grand bien de tous.

— Pourquoi dis-tu : « pour le plus grand bien de tous » ?

— Parce que cela a permis à tous les étudiants d'être à égalité pour faire leurs études, alors qu'auparavant les enfants des familles les plus riches étaient clairement favorisés, ne serait-ce que dans leurs conditions de vie quotidiennes et parce qu'ils n'avaient pas besoin de faire de petits boulots à côté. Par ailleurs, cela a permis aux étudiants de bien se nourrir, ce qui est important à un âge où on a une activité intellectuelle et physique intense : il est essentiel de ne pas avoir de carences alimentaires. Et pour éviter que les étudiants négligent la qualité de leur alimentation, l'argent qu'ils reçoivent pour se nourrir ne peut pas être utilisé pour autre chose.

— Ah bon ? Et comment est-ce possible ?

— C'est ce qu'on appelle de la monnaie dédiée : en l'occurrence, c'est de la « monnaie alimentation », qui n'est acceptée que pour l'achat de nourriture dans les magasins et les restaurants. Pour les commerçants, elle a la même valeur que la monnaie normale, mais elle ne peut être acceptée que pour l'alimentation.

— Et pourquoi avoir créé cela ?

— Parce qu'au début du siècle, certains étudiants dépensaient beaucoup d'argent dans la consommation d'alcool ou d'autres drogues, dont ils devenaient souvent dépendants, et il leur restait très peu d'argent pour se nourrir, ce qui mettait en danger leur santé. D'où l'idée de créer une monnaie avec laquelle il serait impossible d'acheter de l'alcool ou des drogues. Pouvoir acheter tout ce qu'on veut avec de la monnaie est quelque chose de très pratique, mais ce n'est pas sans poser de problèmes. Et c'est un sujet sur lequel nous travaillons depuis longtemps, et dont je te reparlerai peut-être une autre fois. Pour ce qui concerne les étudiants, il paraît désormais totalement évident qu'il est préférable pour tout le monde que ce soit la collectivité qui finance intégralement leurs études plutôt que leurs parents, pour des raisons d'équité, mais aussi d'efficacité : le fait de ne plus avoir de problèmes d'argent leur permet de se consacrer pleinement aux études, d'être en bonne santé et donc de pouvoir donner le meilleur d'eux-mêmes. Cela permet donc de former les étudiants dans de meilleures conditions et d'en faire des professionnels de meilleure qualité. En outre il n'existe plus de chômage chez les jeunes, car il y a énormément de choses à faire et nous sommes plutôt en quête permanente de personnel dans de nombreux secteurs, au point que nous sommes obligés d'abandonner certains projets, faute de main-d'œuvre. C'est pourquoi les jeunes fraîchement diplômés sont très recherchés. Notamment dans le domaine de l'éducation dont les effectifs ont pratiquement doublé.

— Ah bon ? Mais pourquoi ?

— Imagine-toi qu'au début du siècle, il y avait entre 25 et 40 élèves par classe, en fonction de leur âge.

— 40 élèves par classe? reprit Sophia qui n'en revenait pas. Mais nous sommes 18 dans ma classe, et je trouve que ça fait déjà beaucoup. Alors 40, je n'ose même pas imaginer.

— Eh oui, désormais il y a entre 10 et 25 élèves par classe en fonction de l'âge et des matières enseignées. Car il est évident qu'à partir d'un certain nombre, les professeurs ne peuvent plus prendre le temps d'aider les élèves qui ont des difficultés. C'est pourquoi, pour l'apprentissage de la lecture, de l'écriture et pour apprendre à compter, il est nécessaire d'avoir un petit effectif pour pouvoir aider et encourager ceux qui ont le plus de difficultés. Sinon, ces enfants risquent de grandir sans pouvoir lire, écrire et compter correctement, ce qui peut être très handicapant. Et c'est ce qui arrivait autrefois, pour le plus grand malheur de ces enfants et au détriment de la société dans son ensemble. Au contraire, permettre à chaque enfant de sentir qu'il progresse, l'encourager, l'aider à développer le plus de capacités possible et à s'épanouir pleinement est bénéfique pour tous. C'est pourquoi nous avons choisi de donner un maximum de moyens à l'éducation, en entourant les enfants de nombreux professeurs et intervenants. Et le niveau de qualification de la population en a été fortement augmenté. Ce qui facilite grandement la résolution de tous les problèmes que nous pouvons rencontrer. Par exemple, on a appris à tous les enfants à résoudre des problèmes domestiques : plomberie, électricité, bricolage, maçonnerie, jardinage, cuisine et mécanique automobile, sont désormais enseignés au sein de l'école. Ainsi, parvenus à l'âge adulte, les élèves savent résoudre la plupart des problèmes quotidiens sans avoir besoin de faire appel à un professionnel. Et comme il n'y a pas de chômage, personne ne s'en plaint. Surtout pas les professionnels, qui ont déjà suffisamment de travail à faire pour être sollicités pour des choses que les gens pourraient facilement faire par eux-mêmes.

— Parce qu'autrefois, on n'apprenait pas ces choses-là à l'école ? demanda Sophia, étonnée.

— Non, on apprenait plein de choses théoriques dans tout un tas de matières. Mais pas les choses pratiques et utiles du quotidien. Ce qui faisait dire à certains qu'à l'école on apprenait plein de choses inutiles dont on ne se servirait jamais dans la vie. Et ce n'était pas complètement faux. Heureusement, désormais le concret et l'utile ont pris une grande place dans les écoles. On fait également venir des professionnels qui présentent leur métier et partagent leur savoir-faire. Parfois, les élèves sont même invités à aller sur leur lieu de travail pour voir comment ça se passe concrètement. Et dans ce cadre, les élèves se découvrent souvent une passion pour tel ou tel métier, et ils ont la possibilité de vérifier si ce métier leur plaît vraiment en effectuant des stages. Bref un lien permanent est tissé entre les études et le milieu professionnel. Ce qui n'était pas le cas autrefois, où les élèves avaient très peu de contact avec le milieu professionnel, sauf bien sûr dans les filières professionnelles, au point qu'à 18 ans la plupart des lycéens devaient choisir leurs études sans quasiment rien connaître concrètement des métiers auxquels ils se destinaient. Ce qui pouvait générer d'énormes désillusions par la suite, et des réorientations qui étaient à la fois source de désarroi pour les jeunes et un énorme gâchis pour la société. Aujourd'hui la logique est tout à fait différente puisqu'on apprend aux élèves à devenir polyvalents, c'est-à-dire à être capables d'exercer plusieurs métiers, dans la mesure où les besoins de telle ou telle compétence peuvent varier dans le temps. On n'est jamais sûr de pouvoir exercer le même métier toute sa vie. Il faut être prêt à en changer à tout moment, en fonction de l'évolution des besoins de la société.

— Bien sûr, de même qu'on nous prépare à devoir changer de région et même de pays, en fonction des besoins.

— Absolument. On vous apprend à vous adapter à l'évolution des besoins. Et pour vous rendre plus mobiles et ouverts sur le monde, on a multiplié les voyages scolaires et les échanges avec les écoles étrangères, à tous les âges. Autrefois, c'était quelque chose de rare, pour des raisons financières essentiellement. Mais pour la plupart des élèves, cela faisait partie de leurs meilleurs souvenirs. Désormais, presque tous les étudiants font au moins une année d'études à l'étranger, entièrement financée par les États, et tous les étudiants maîtrisent parfaitement au moins une langue étrangère, mais plus souvent deux ou trois. Le simple fait de savoir qu'ils vont pouvoir beaucoup voyager est une motivation énorme pour apprendre une langue !

— Tu dis ça comme si c'était extraordinaire de parler une langue étrangère !...

— Tu sais, quand j'étais jeune, une grande partie de la population ne parlait que français, certains parlaient quelques mots d'anglais et une minorité parlait couramment une ou plusieurs langues étrangères.

— Vraiment ? Mais alors ils ne pouvaient pas voyager à l'étranger ?

— À l'époque, la plupart des gens ne prenaient pas de vacances à l'étranger. Seule une minorité avait cette chance.

— C'est incroyable ! Je ne connais personne qui ne soit jamais allé à l'étranger. Et je ne connais personne qui ne parle pas au moins une langue étrangère.

— Eh oui, c'est une grande évolution, qui a permis aux peuples de mieux s'entendre.

— Que veux-tu dire par là ?

— Plus on voyage, plus on a la possibilité de comprendre des cultures et des mœurs différentes des nôtres, et moins on a tendance à les juger. Plus on établit de liens d'amitié avec des étrangers et plus on trouve normal de les respecter et de prendre soin d'eux. Ainsi, les voyages et les rencontres ont permis de nouer des liens d'amitié très forts entre les populations. Et cela a modifié les rapports entre les États qui cherchent désormais plus à s'entraider et à se comprendre qu'à défendre d'abord leurs propres intérêts, comme c'était le cas autrefois. Cela a modifié totalement les relations internationales, qui s'en sont trouvées largement pacifiées.

— Tu veux dire qu'avant, c'était la guerre entre les États ?

— Pas toujours. Mais les relations internationales étaient souvent tendues et difficiles car chaque État cherchait à défendre ses propres intérêts en faisant valoir les accords internationaux mais aussi en utilisant des rapports de force.

— « Des rapports de force », c'est quoi, papy ?

— Tu sais, dans une cour de récréation, quand un garçon est plus fort qu'un autre, bien souvent il obtient ce qu'il veut par la menace. Eh bien, de la même manière, lorsqu'un État était plus puissant qu'un autre économiquement ou militairement, il pouvait obtenir bien des choses par la menace et, même sans avoir besoin de menacer, tout simplement parce que tout le monde se soumettait à la loi du plus fort.

— Mais c'est contraire au droit qui permet l'égalité de tous devant la loi et qui défend les plus faibles. Et c'est contraire à l'éthique qui bannit la loi du plus fort.

— Et pourtant, c'est ainsi que fonctionnaient les relations internationales il y a peu de temps encore. Je te le concède, c'était archaïque et contraire à l'intérêt de tous. Mais cela correspondait au vieux réflexe qui consiste à défendre d'abord sa famille et sa communauté, quitte à créer un conflit meurtrier avec les autres. Dieu merci, l'humanité a progressé dans ce domaine. Et je te raconterai cet après-midi comment les relations internationales ont été profondément transformées dans le domaine monétaire. Pour le plus grand bien de tous.

CHAPITRE 12

LE SYSTÈME MONÉTAIRE INTERNATIONAL

Peu après la sieste, Sophia descendit dans le jardin pour rejoindre son grand-père qu'elle trouva en pleine conversation avec un voisin. Ce dernier effectuait des travaux dans sa maison et il avait besoin d'une ponceuse et d'une scie circulaire que son grand-père lui prêta bien volontiers.

— Tu vois, Sophia, dans le voisinage, nous mettons à disposition des autres les outils et machines dont nous ne nous servons pas quotidiennement. Et nous avons même acheté des machines en commun, comme une tondeuse ou un taille-haie, qui se trouvent dans un cabanon dont nous avons tous la clef et que nous réservons sur un emploi du temps commun sur le net. Cela nous a permis de faire chacun des économies mais aussi de réduire la consommation de matières, pour un usage identique.

— Et même meilleur qu'avant, renchérit le voisin. Car nous avons désormais bien plus d'outils à notre disposition qu'autrefois pour un coût bien moindre. Et en plus, c'est une occasion de se rendre service entre voisins. Ainsi, les plus jeunes peuvent aider à effectuer les travaux les plus difficiles. Et en échange les plus âgés apportent leur expérience et leur savoir-faire pour des travaux plus précis ou pour le jardinage par exemple. Tout le monde en ressort gagnant. Et en plus c'est convivial et chacun y trouve sa place et se sent utile. C'est vraiment réjouissant ! Quelle drôle d'idée nous avions autrefois de vouloir posséder tous les outils dont nous avions besoin et de vouloir tout faire tout seuls. C'est tellement plus sympa de se rendre service.

À l'évidence, le voisin était extrêmement enthousiaste sur ce nouveau mode de fonctionnement, qui pour dire la vérité avait longtemps été la norme dans les campagnes.

— Eh bien, vois-tu, Sophia, quelque chose de comparable s'est passé dans le domaine des relations internationales. Ainsi, autrefois, chaque pays (ou presque) possédait sa propre armée pour pouvoir se défendre en cas d'attaque. Imagine la quantité totale d'armes que cela pouvait représenter. D'autant qu'on ne pouvait pas connaître à l'avance l'ampleur de l'attaque qu'on était susceptible de subir, puisque des alliances pouvaient se créer. Par conséquent il fallait avoir un stock d'armes suffisant pour faire face au pire. Dès lors, l'immense majorité des armes n'était jamais utilisée et donc produite pour rien. Un immense gâchis de matière. Alors qu'il aurait suffi de mutualiser la sécurité à l'échelle planétaire.

— Qu'entends-tu par « mutualiser la sécurité » ?

— Eh bien, au sein de chaque pays, la police est chargée d'assurer la sécurité des citoyens. Et on trouverait absurde de confier aux citoyens eux-mêmes la responsabilité de leur propre sécurité, en leur fournissant à chacun une arme. Ça générerait de toute évidence une grande insécurité. Eh bien de la même manière, croire qu'un pays peut assurer sa propre sécurité en ayant sa propre armée est à la fois une illusion et un danger. Une illusion parce que les plus petits pays sont évidemment incapables de se défendre contre les plus gros. Et ils n'ont par conséquent pas d'autre choix que d'effectuer des alliances pour se protéger. Et un danger, parce que multiplier les armées conduit aussi à multiplier les risques de coups d'État, de guerres civiles et de guerres internationales. Pour que les pays soient véritablement en sécurité, il faut une police internationale qui intervienne en cas de non-respect du droit international. Bien sûr, cela pose des tas de questions, et l'Organisation des Nations Unies a mis longtemps à s'imposer comme l'autorité incontournable de la sécurité internationale. Mais aujourd'hui, force est de constater que les conflits armés ont quasiment disparu de la surface de la planète et que la coopération entre les nations est devenue la norme.

— C'est vrai que notre génération a du mal à s'imaginer qu'il ait pu y avoir des guerres mondiales au siècle dernier, faisant des dizaines de millions de morts, renchérit Sophia. Désormais, ayant des amis partout dans le monde, il nous serait inconcevable de nous battre contre eux. Et d'ailleurs, nous ne le pourrions pas, puisque nous n'avons plus d'armées.

— En effet, les forces de police internationales sont désormais multinationales : leurs membres, qui proviennent de différentes nations, s'entraînent et interviennent sur le terrain ensemble. Et comme ils parlent tous une langue étrangère commune, il n'y a pas de problème de communication. Ils ont vraiment le sentiment de faire partie de la communauté internationale et d'être au service de la paix partout dans le monde. Certes, tout n'est pas parfait, et certains contestent la façon dont sont établies les règles du droit international, mais force est de constater que la guerre semble désormais appartenir définitivement au passé et que la production d'armes à l'échelle de la planète est infime en comparaison de ce qu'elle était au début du siècle, ce qui a aussi pour conséquence d'économiser des ressources minières pour les générations à venir. Mais cette révolution dans le domaine de la sécurité internationale a aussi eu des conséquences sur la façon de vivre les relations internationales : en effet, en choisissant de déléguer leur sécurité à l'ONU, les États se sont retrouvés privés de puissance militaire et donc d'un des principaux moyens de pression dans les négociations internationales. Restait la puissance économique. Mais là encore, une grande révolution s'est opérée.

— Ah bon, laquelle ? demanda Sophia intriguée.

— Pendant très longtemps, les États cherchèrent à défendre leurs intérêts économiques par tous les moyens possibles et imaginables : accords commerciaux obtenus sous pression, chantage, promesse de protection militaire en échange d'un approvisionnement sécurisé pour tel ou tel minerai stratégique, taxes à l'importation et à l'exportation, manipulation des taux de change.

— Tu peux me dire plus précisément comment fonctionnaient les taux de change ?

— Oui, car voilà encore une chose qui a disparu, très récemment. Au début du siècle, chaque pays (ou presque) avait sa propre monnaie et quelques pays avaient une monnaie commune. Il y avait donc plus d'une centaine de monnaies officielles différentes à la surface de la terre.

— Mais comment ils faisaient pour les échanges commerciaux internationaux ?

— Eh bien, les monnaies étaient convertibles entre elles : on pouvait échanger chaque monnaie contre une autre, à un certain taux. C'est ce qu'on appelait le taux de change. Par exemple, en avril 2015, on pouvait échanger 1 euro contre 1,1 dollar américain environ.

— Mais pourquoi ne pas avoir créé une monnaie unique à l'échelle de la planète ? Cela aurait évité toutes ces conversions.

— Très bonne question. À l'époque, la plupart des pays étaient convaincus que la souveraineté monétaire était quelque chose d'essentiel. De même qu'ils étaient convaincus que le fait d'avoir sa propre armée était le meilleur moyen d'assurer sa sécurité. L'avenir leur a donné tort dans les deux cas. Mais le passé leur donnait des raisons d'y croire.

— Pourquoi ?

— Tout d'abord, en ayant leur propre monnaie, les États avaient le sentiment d'être indépendants. Mais en vérité, la plupart d'entre eux subissaient l'évolution des taux de change et donc des variations incontrôlées des prix à l'importation et à l'exportation, ce qui avait de graves conséquences sur l'emploi des entreprises exportatrices et sur l'inflation importée notamment.

— Mais pourquoi ils ne pouvaient pas maîtriser les taux de change ?

— Pour comprendre cela, il ne faut jamais oublier une chose : à cette époque, on considérait la monnaie comme une matière existant en quantité limitée. Ainsi, les devises que l'on voulait acheter pour réaliser un échange international devaient exister au préalable. On ne pouvait échanger que des quantités de monnaie préexistantes : on ne pouvait pas créer des devises pour le change. C'est pourquoi on a créé un véritable marché des changes, où s'échangeaient les devises, c'est-à-dire les monnaies, les unes contre les autres, comme dans un troc. Mais il n'y avait aucune raison pour qu'à un instant donné, on ait besoin d'échanger une quantité équivalente et réciproque de telle devise contre telle autre. C'est pourquoi il était nécessaire d'avoir des réserves dans chaque devise pour pouvoir satisfaire la demande à tout instant. Et c'est pourquoi on a autorisé des fonds spéculatifs à investir des sommes énormes sur le marché des changes, afin d'amener de la liquidité, c'est-à-dire suffisamment de monnaie, sur ce marché. Résultat : les taux de change sont devenus très volatiles et bien souvent déconnectés de l'évolution du commerce international.

— Je n'ai rien compris.

— Je sais. C'est très compliqué. Pour simplifier les choses, on peut dire qu'on considérait à l'époque les monnaies comme des marchandises, dont le prix pouvait varier en fonction de l'offre et de la demande. Or c'était absurde, car à l'époque, la monnaie était déjà largement dématérialisée et on aurait très bien pu convertir les monnaies les unes contre les autres sans marché des changes, dans la mesure où la dématérialisation permettait de créer et de détruire de la monnaie à volonté, en fonction des besoins de change liés aux échanges commerciaux internationaux. Il aurait suffi de fixer les taux de change en fonction de la parité de pouvoir d'achat et de les faire évoluer en fonction de critères rationnels, comme les différentiels de taux d'inflation entre les pays. Il n'y avait nul besoin d'un marché des changes dans la mesure où il s'agissait juste de convertir un chiffre en un autre. Quelle drôle d'idée de considérer la monnaie comme une matière !...

— C'est quoi papy, la parité de pouvoir d'achat ?

— C'est le taux de change qui permet d'acheter les mêmes choses avec la même quantité de monnaie dans deux pays différents. Imagine qu'à l'époque, avec la même quantité de monnaie, tu pouvais à peine payer deux nuits dans un modeste hôtel à Paris alors que dans d'autres pays tu pouvais te payer une semaine dans un palace.

— Non, tu plaisantes !

— J'exagère à peine. C'est ce qui m'est arrivé quand j'ai passé cinq semaines au Maroc dans les années 1990, à une époque où j'habitais à Paris. Et quand le taux de change entre le dollar américain et l'euro a varié dans les années 2000, le pouvoir d'achat des touristes américains visitant l'Europe a été réduit de près de 50% en quelques années. Ce qui n'a aucun sens. Nous vivions donc à l'époque dans un système monétaire international complètement absurde et irrationnel, qui n'enrichissait véritablement que les spéculateurs chanceux et les pays qui arrivaient à sous-évaluer leur monnaie.

— Mais tu m'as dit que les États n'arrivaient pas à contrôler leur taux de change ?

— J'ai dit que la plupart subissaient l'évolution des taux de change. Mais certains pays, comme la Chine, arrivaient à maintenir un taux de change très favorable à leurs exportations, ce qui avait le don d'agacer les pays occidentaux, qui n'en restaient pas moins impuissants.

— Mais alors, comment a-t-on réussi à sortir de cette situation ?

— Il y a quelques années, une conférence internationale rassemblant tous les pays du monde a été organisée pour mettre en place un nouveau système monétaire international. L'idée de base était que les taux de change devaient se retrouver progressivement le plus proches possible de la parité de pouvoir d'achat. Pour cela, il était nécessaire de supprimer le marché des changes et de le remplacer par un système automatisé de conversion des devises au taux qui aurait été décidé. Restait un problème : le différentiel d'inflation.

— Pourquoi ?

— Eh bien, si un pays a plus d'inflation qu'un autre et que le taux de change entre ces deux pays reste inchangé, alors ses prix à l'exportation deviennent de plus en plus élevés par rapport à l'autre pays et il risque de perdre des parts de marché dans le commerce international. Pour éviter cela, il y a deux solutions : soit modifier régulièrement les taux de change en fonction des différentiels de taux d'inflation, soit faire en sorte que tous les pays aient un taux d'inflation très proche. Pendant quelques années, nous avons joué sur les deux tableaux, jusqu'à ce que nous parvenions à une convergence des taux d'inflation qui a permis, enfin, de supprimer les taux de change et d'aboutir à une monnaie unique mondiale. Mais avant cela, il a fallu se mettre d'accord sur le taux d'inflation optimal pour tous, ce qui ne fut pas simple.

— Pourquoi ?

— Parce que certains pays étaient habitués à se satisfaire de taux d'inflation assez élevés, autour de 5%, alors que d'autres avaient fait de la réduction de l'inflation une arme de compétitivité. En effet, n'ayant plus la maîtrise des taux de change, un des moyens de gagner en compétitivité était d'avoir une inflation plus faible que les autres. Et c'est ainsi que se répandit en Europe à la fin du XXe siècle la politique de « désinflation compétitive », qui ne put malheureusement être obtenue qu'au prix d'un ralentissement de l'activité. Mais il faut avouer que l'inflation fut très faible en Europe pendant une trentaine d'années au tournant du millénaire. Excessivement faible diront certains. Ce qui n'était pas un signe de bonne santé. C'est pourquoi lors des dernières négociations internationales sur les taux d'inflation, on s'est mis d'accord pour un objectif entre 2 et 4% par an, l'idéal étant d'être le plus proche possible de 3%. On estime désormais que ce taux est conciliable avec une économie au plein emploi des capacités de production et de la main-d'œuvre disponible. Et cette convergence des taux d'inflation a permis de lever le dernier obstacle pour la mise en place d'une monnaie unique mondiale, tellement plus pratique pour voyager et faire du commerce international.

— C'est évident.

— C'est évident aujourd'hui. Mais je peux te dire que c'était loin de l'être au début du siècle. En dépit des unions monétaires qui se créaient un peu partout pour faciliter les échanges entre pays voisins, comme la zone euro, la plupart des gens considéraient comme totalement utopique d'avoir un jour une seule monnaie mondiale. Et cela semblait effectivement impossible à l'époque, tout simplement parce que les États ne disposaient pas des outils suffisants pour maîtriser l'inflation. Il y avait donc des différentiels d'inflation très importants entre les pays qui rendaient impossible une monnaie mondiale, et difficiles des unions monétaires comme la zone euro. Par ailleurs, si on avait modifié les taux de change du jour au lendemain pour les établir au niveau de la parité de pouvoir d'achat, cela aurait dévasté des secteurs entiers de certaines économies qui auraient perdu leur rentabilité : il était donc nécessaire d'y aller progressivement pour que les entreprises puissent s'adapter à l'évolution annoncée des taux de change. Enfin, pour qu'une monnaie mondiale fonctionne, il fallait que le salaire minimum soit le même dans tous les pays.

— Parce que ce n'était pas le cas avant ?

— Loin de là. Dans certains pays, il n'y avait même pas de salaire minimum. Dans d'autres, si on prend en compte le taux de change, ce salaire pouvait être jusqu'à 20 fois inférieur au salaire minimum qu'on pouvait trouver en Europe ou aux États-Unis. Ce qui explique en grande partie la délocalisation de la production au tournant du millénaire vers l'Asie, où la main d'œuvre était abondante et beaucoup moins chère qu'en Europe ou aux États-Unis. C'est ainsi que l'Asie, et notamment la Chine et l'Inde, est devenue au début de notre siècle l'usine du monde. On avait à l'époque l'impression que presque tous les produits manufacturés provenaient d'Asie.

— Ah bon ? dit Sophia surprise. Mais ce n'est plus du tout le cas.

— En effet, depuis, la production a été relocalisée dans tous les pays, en fonction des besoins. Comme nous n'avons plus de problème de financement et que le salaire minimum est le même partout à la surface de la planète, il n'y a plus de raison de délocaliser la production. Par contre, nous avons toujours besoin de faire des échanges commerciaux internationaux, ne serait-ce que parce que certaines ressources naturelles renouvelables ne poussent qu'à certains endroits et dans certaines conditions climatiques, et que certaines ressources non renouvelables indispensables, comme les minerais, ne se trouvent qu'à certains endroits de la planète. Par ailleurs, il y a toujours une compétition entre certaines entreprises au niveau mondial, notamment dans le domaine technologique, ce qui permet de stimuler la recherche et les innovations. Mais la production est souvent localisée au plus proche des consommateurs. De ce fait, le fret de marchandises a fortement diminué au niveau mondial. Pour le plus grand bien de tous.

— Mais tu ne m'as pas dit comment on est parvenu à un salaire minimum mondial ?

— Cela a été l'objet de nombreuses négociations. D'abord, chaque pays a commencé par accepter le principe d'un salaire minimum. Mais au départ, chaque pays était libre d'en fixer le montant. Puis petit à petit, les pays les plus pauvres ont accepté d'augmenter progressivement ce montant, à mesure qu'ils se développaient. Et quand nous sommes parvenus à une convergence des taux d'inflation et que nous avons pu supprimer les taux de change, alors nous avons décidé que la nouvelle unité monétaire mondiale correspondrait à une heure de travail. Ainsi il serait interdit de payer quiconque à travers le monde moins d'une unité de monnaie mondiale de l'heure, ce qui était une base extrêmement simple à retenir.

— Je comprends. Mais, au fond, c'est normal que tous les humains à la surface de la terre reçoivent un même salaire minimum, car ils ont tous la même valeur.

— Certes. Mais à l'époque c'était impossible, du fait des taux de change et de niveaux de développement différents.

— Qu'est-ce que le niveau de développement a à voir là-dedans ? Que les pays soient riches ou pauvres, le salaire minimum devrait être le même partout !

— Pour te permettre de comprendre pourquoi le salaire minimum ne pouvait pas être le même dans les pays pauvres et dans les pays riches, je vais te donner un exemple très simple. À l'époque, les gens qui vivaient dans des bidonvilles étaient prêts à accepter un salaire qui leur permettait juste de nourrir leur famille, de s'habiller, de se déplacer, et d'avoir éventuellement une radio, une télé ou un portable d'occasion. Guère plus. À l'inverse, dans les pays riches, le salaire minimum devait permettre de payer un loyer, la nourriture, l'eau, l'électricité, le téléphone, la connexion internet, les frais de transport et notamment pour beaucoup le coût d'une voiture individuelle, les éventuels frais de scolarité des enfants et un minimum de loisirs. Tu vois la différence ?

— Effectivement. Ça fait une sacrée différence !

— Le simple fait d'avoir un loyer à payer, d'avoir des infrastructures d'eau, d'assainissement, d'électricité, de télécommunications, de transports, d'avoir une voiture individuelle, fait que le salaire minimum est obligatoirement plus élevé que dans des zones où tout cela est quasi inexistant. Et au fur et à mesure que la qualité des logements et des infrastructures s'améliore dans les pays en développement, alors le salaire minimum se rapproche de ceux des pays les plus riches.

— Si je comprends bien, il était impossible de mettre en place un salaire minimum mondial tant que les pays les plus pauvres n'avaient pas atteint un certain degré de développement.

— C'est exactement cela. Et le fait que nous ayons pu supprimer les taux de change et mettre en place un salaire minimum mondial montre à quel point des progrès considérables ont été réalisés en matière de développement au cours des trente dernières années. La qualité de vie dans le monde entier s'est fortement élevée. Grâce notamment au nouveau système de financement du développement dont je te parlerai demain.

— Pourquoi tu ne m'en parles pas ce soir, après le dîner ?

— Parce que nous t'avons réservé une surprise pour ce soir !...

CHAPITRE 13

LE FINANCEMENT DU DÉVELOPPEMENT

Après le dîner, les grands-parents de Sophia fermèrent les volets, éteignirent les lumières et Sophia, tout excitée, comprit qu'ils allaient faire une soirée cinéma sur l'écran géant.

— Le film que nous allons projeter ce soir est un des plus beaux documentaires qui aient jamais été réalisés sur le développement économique. Il montre comment, en quelques dizaines d'années, les paysages urbains, les habitats, les conditions de vie ont totalement changé pour des milliards d'êtres humains et comment la misère a disparu de la surface de la planète grâce au nouveau système de financement du développement. Les images sont impressionnantes et spectaculaires. Mais je te laisse juger par toi-même. Allez, c'est parti !

Sophia resta scotchée devant l'écran pendant toute la durée du film. Elle était stupéfaite. Elle n'imaginait pas que des humains aient pu vivre dans de telles conditions il y a moins d'un demi-siècle. Dès la fin du film, elle fit part de son émotion à ses grands-parents :

— Je n'arrive pas à croire qu'au début du siècle, plus de 10% de la population mondiale vivait dans des bidonvilles, dans des conditions d'hygiène et de salubrité révoltantes, avec des déchets et des excréments qui traînaient partout. Comment est-ce possible ?

— Tu sais, pour construire des logements salubres, avec l'eau courante, le tout-à-l'égout et un système de collecte des déchets, il faut beaucoup, beaucoup d'argent. Avec l'ancien système de financement, les pays les plus pauvres n'en avaient tout simplement pas les moyens.

— Tu veux dire que c'est grâce au nouveau système de financement que les bidonvilles ont pu être supprimés ?

— Absolument. Sans cela, il y aurait probablement toujours autant de misère dans le monde.

— Ce n'était donc pas tant un problème de volonté qu'un problème systémique.

— Exactement. Imagine que l'on n'ait pas inventé les crédits immobiliers et que l'on ne puisse utiliser que l'argent qui circule déjà pour se loger, eh bien on n'aurait jamais pu construire la plupart des logements dans lesquels nous vivons aujourd'hui et nous vivrions probablement dans des logements assez vétustes. Par conséquent, la création de tel ou tel système de financement peut modifier totalement les conditions de vie des êtres humains à la surface de la planète. Et c'est ce que nous verrons demain. En attendant je te souhaite une bonne nuit.

Sophia monta dans sa chambre un peu sonnée par ce qu'elle venait de voir. Elle prit conscience ce soir-là plus que jamais de la chance qu'elle avait d'être née au milieu du XXIe siècle, à une époque où la misère avait quasiment disparu.

Le lendemain, Sophia descendit au petit déjeuner, impatiente de savoir comment la misère avait été éradiquée grâce au nouveau système de financement du développement. Cela l'intriguait profondément.

— Ce matin, je vais t'emmener faire le tour de la commune pour te montrer toutes les infrastructures dont nous bénéficions et qui nous permettent de vivre confortablement.

— Mais je connais déjà la commune, protesta Sophia.

— Oui mais tu n'as peut-être pas conscience qu'au début du siècle, certaines de ces infrastructures n'existaient pas dans les pays les plus pauvres.

— Lesquelles ?

— Tu vas voir.

Son grand-père commença par demander à son ordinateur de faire venir un véhicule automatisé pour se déplacer dans la commune.

— Tu vois, ça, par exemple, il y en avait très peu dans les pays pauvres au début du siècle, dit son grand-père en montrant l'ordinateur. Quant au système de transports, il était très différent d'un pays à un autre. Globalement, plus les pays étaient riches et plus on pouvait se déplacer vite et confortablement d'un endroit à un autre.

— Pourquoi ?

— Parce que plus on avait d'argent à disposition, plus les pouvoirs publics et les sociétés privées pouvaient construire et entretenir les routes et les autoroutes, étendre le réseau ferroviaire, construire des aéroports, et financer un réseau de transports publics de qualité. En outre, les crédits automobiles facilitaient l'achat de véhicules neufs. À l'inverse, dans les pays les plus pauvres, on ne pouvait mettre à la disposition de la plus grande partie de la population que des bus et des trains bondés et en quantité insuffisante.

— Pourquoi ?

— Parce que les gens ne pouvaient consacrer que très peu d'argent aux transports et que l'État n'avait pas suffisamment de recettes fiscales pour investir dans des réseaux de transports coûteux et peu rentables.

— Mais alors c'était un cercle vicieux ? Comment a-t-on pu en sortir ?

— Pendant des années, les États les plus pauvres ont reçu une aide financière extérieure pour développer des réseaux de transports, et d'autres infrastructures que nous verrons plus tard. Cette aide provenait d'institutions internationales comme la Banque mondiale ou directement de certains pays. On appelait cela l'aide au développement. Malheureusement, cette aide se faisait souvent sous forme de prêts que les États les plus pauvres devaient souvent rembourser avec les intérêts. Par conséquent, si ces prêts permettaient effectivement de développer les infrastructures de transports, les flux d'argent étaient plus importants des pays pauvres vers les pays riches que dans l'autre sens. Pour dire les choses clairement, à cause du paiement des intérêts, les pays pauvres donnaient plus d'argent aux pays riches qu'ils n'en recevaient d'eux.

— Tu plaisantes !!!

— Non, je suis sérieux. Mais il ne faut pas oublier qu'à l'époque, on croyait que l'argent devait toujours venir de quelque part. Par conséquent, si un pays manquait d'argent pour se développer, il paraissait logique qu'il en emprunte auprès de pays ou d'institutions qui étaient en capacité de lui en prêter. Comme si l'argent était une matière rare qu'on devait toujours aller chercher quelque part.

— Quelle drôle d'idée ! J'ai toujours du mal à croire qu'on considérait l'argent comme une matière rare il y a quelques dizaines d'années encore.

— Eh oui. Et cette simple croyance a eu des conséquences dramatiques dans bien des pays. En effet, pour se développer, la plupart des pays se sont endettés à de tels niveaux qu'ils se sont retrouvés bien souvent dans de grandes difficultés pour rembourser leurs dettes. D'ailleurs, à l'époque, bien des gens militaient pour que la dette du tiers monde (c'est ainsi qu'on appelait alors les pays pauvres) soit purement et simplement annulée, car elle bloquait leur développement et les obligeait à prendre des mesures inhumaines pour être en capacité de rembourser leurs dettes.

— Du genre ?

— Du genre : réduire les dépenses de santé et donc la qualité des soins dans les hôpitaux et les dispensaires, ou réduire la rémunération des fonctionnaires et les pensions des retraités, voire arrêter de les payer pendant quelques mois, etc.

— Non. Tu plaisantes. Tu me charries, là. C'est pas possible. Ça n'a aucun sens. Le seul effet que ça pourrait avoir, c'est d'appauvrir tout le monde !

— Oui, c'est parfaitement exact. Sauf qu'à l'époque, réduire les dépenses publiques était un moyen de rembourser les dettes publiques.

— Comment ça ? Je ne comprends pas.

— Rappelle-toi qu'à l'époque, les États s'étaient interdit de créer de la monnaie. Par conséquent, pour rembourser leurs dettes auprès des marchés, des États ou des institutions internationales, ils devaient soit augmenter leurs recettes fiscales, soit réduire les dépenses publiques. Et comme les recettes fiscales dépendaient beaucoup de la croissance, et que celle-ci n'était pas toujours au rendez-vous, les moyens les plus sûrs de payer leurs dettes étaient bien souvent de réduire les dépenses de façon drastique ou d'augmenter les impôts, quitte à appauvrir tout le pays !!!

— Drôle de système qui consiste à privilégier le remboursement des dettes sur le bien-être de la population.

— Je ne te le fais pas dire. Dieu merci, cela n'existe plus. Et notre système est aujourd'hui beaucoup plus rationnel. En effet, pour financer le développement, il n'y a aujourd'hui nul besoin de prendre le risque de devoir un jour appauvrir la population.

— Heureusement ! dit Sophia qui éclata de rire à l'écoute du paradoxe que venait d'énoncer son grand-père. Et j'espère aussi que le développement des pays pauvres ne se fait plus au profit des pays riches !

— Tu ne crois pas si bien dire, car une des grandes révolutions dans le domaine du développement, c'est que les pays pauvres n'ont plus besoin de faire appel à l'argent des pays riches pour se développer. L'argent étant immatériel, il n'est pas nécessaire de le faire venir de l'étranger : il est désormais créé dans chaque pays en fonction de ses besoins de développement. C'est aussi simple que cela. Par contre, pour construire certaines infrastructures, il est souvent nécessaire de faire venir des matériaux et des compétences de l'étranger, et il existe donc un grand réseau de coopération internationale pour le développement.

— Du coup, j'imagine que les pays qui se développent ont besoin d'importer beaucoup de choses avant de pouvoir exporter d'autres choses.

— Très juste remarque. Pendant très longtemps, on a cru qu'il fallait avoir une balance commerciale équilibrée, c'est-à-dire que le montant total des exportations soit à peu près égal au montant total des importations. Mais dans la pratique, on s'est aperçu que ce n'était quasiment jamais le cas : certains pays comme l'Allemagne ou la Chine avaient des excédents chroniques, alors que d'autres comme les États-Unis étaient en déficit quasi permanent. En vérité, il n'y a aucune raison pour que la balance commerciale soit équilibrée : on importe ce dont on a besoin et on exporte ce qu'on peut. Importations et exportations répondent donc à deux logiques totalement différentes. Mais à l'époque, pour que le taux de change ne varie pas trop, il fallait que l'offre et la demande de devises soient à peu près égales. Pour cela, il était souhaitable que la balance commerciale soit relativement équilibrée, même si un déséquilibre pouvait être compensé par d'autres flux d'argent entrant ou sortant du pays, notamment les investissements, les prêts, les placements ou les transferts de fonds des migrants vers leurs familles. Mais globalement, il fallait que la balance de tous ces flux soit équilibrée. Ce qui n'était pas simple. Tout cela parce qu'on ne pouvait pas créer ou détruire de l'argent lors des opérations de change. Mais aujourd'hui, personne ne se préoccupe de savoir s'il y a un excédent ou un déficit de la balance commerciale. On fait des échanges commerciaux avec l'étranger comme on les fait au sein d'un pays. Sans plus de contraintes. Et ce, depuis que le marché des changes a été supprimé. La seule chose à laquelle on veille scrupuleusement, c'est le taux d'inflation. Pour bien comprendre l'absurdité d'une balance commerciale équilibrée dans le cadre du développement, je vais te donner un exemple extrême. Imagine un pays très pauvre dans lequel il n'y aurait aucune infrastructure moderne : pas de moyens de transports rapides, pas d'écoles, pas d'infrastructures de santé, pas d'eau courante, pas de traitement des ordures. Ce pays ne produirait presque rien, juste ce qu'il faut pour survivre et il ne pourrait donc rien exporter. Si on veut qu'il se développe, il faudrait nécessairement faire venir des machines, des matériaux et des compétences de l'étranger. Dans un premier temps, la balance commerciale serait donc très déséquilibrée. Et c'est tant mieux. Puis, petit à petit, une fois que les enfants seraient allés à l'école, que des étudiants auraient été formés à différents métiers, des entreprises pourraient être créées dans divers domaines et le pays pourrait commencer à exporter certains produits. Bien sûr, dans la réalité, la plupart des pays, même les plus pauvres, exportent déjà des choses, comme les minerais ou certains produits agricoles, grâce bien souvent aux investissements d'entreprises basées dans les pays les plus riches. Mais cet exemple caricatural de développement permet de te montrer à quel point cela n'a aucun sens de vouloir à tout prix une balance commerciale équilibrée. C'est juste contraire à l'ordre des choses. D'ailleurs, dans l'autre sens, un pays comme l'Allemagne peut s'être spécialisé dans la production et l'exportation de choses très utiles et très demandées, comme les machines-outils par exemple, et ne pas avoir besoin d'importer autant de choses qu'il en exporte. Et c'est très bien ainsi. On ne va pas le forcer à importer des choses dont il n'aurait pas besoin.

— Ça paraît évident.

— Oui. Et si on accepte que certains pays aient des excédents commerciaux, alors il faut accepter que d'autres aient des déficits commerciaux. Tous les pays ne peuvent pas avoir des excédents commerciaux en même temps : c'est mathématiquement impossible. Par conséquent, le déséquilibre de la balance commerciale est non seulement inévitable, mais il est aussi souhaitable en fonction des différentes phases de développement et des ressources dont dispose chaque pays. Ainsi un pays très pauvre qui a peu de ressources naturelles a absolument besoin d'importer massivement pour se développer. C'est un fait. Et le financement par l'endettement n'est absolument pas adapté dans cette situation.

— Pourquoi ?

— Les emprunts sont un excellent outil de financement quand on a une grande visibilité sur l'avenir. Si par exemple on sait que chaque mois on pourra facilement rembourser tel montant pour financer un logement ou une voiture, alors l'emprunt est un excellent outil pour financer l'immobilier ou l'automobile. Mais lorsqu'on développe un système éducatif, un réseau de soins ou de transports, on ne sait absolument pas quand et surtout à quel point cela va permettre de créer des richesses nouvelles et de générer des recettes fiscales dans un pays. Il y a une telle incertitude sur l'avenir qu'il serait insensé de financer ce développement par des emprunts. C'est un outil totalement inadapté. Et pourtant, c'est ce qui a été fait pendant des années. Avec les conséquences que l'on sait.

— Mais alors quel outil faut-il utiliser ?

— Prenons l'exemple du système éducatif. Imaginons qu'on parte de rien. Il faut construire des écoles, former des professeurs. Tout cela peut se faire avec des matériaux locaux. Mais il faut payer les gens qui vont construire les écoles, puis payer les professeurs. S'il n'y a pas assez d'argent dans les caisses de l'État, il faut créer de la monnaie pour faire tout cela. Et si en plus on veut fournir des ordinateurs aux enfants, il faudra probablement les importer et donc créer la monnaie qu'il faut pour cela. Autrefois, il y avait bien souvent des associations qui collectaient des dons dans les pays les plus riches pour financer les écoles des régions les plus pauvres. Mais dès lors que l'argent est immatériel, pourquoi ne pas le créer directement dans les pays pauvres plutôt que de le collecter auprès des plus riches ? Le résultat est le même et la création monétaire ne génère pas plus d'inflation que les dons dans la mesure où elle est raisonnable et maîtrisée. Quoi qu'il en soit, il est essentiel de ne pas financer le système éducatif par des emprunts, car il est impossible de dire à partir de quand et à quel point cela va enrichir le pays : on n'a aucune visibilité, même si on a la certitude que cela va y contribuer fortement. En l'occurrence, on sait donc que c'est un investissement de long terme très rentable en termes de développement.

— Rentable ? intervint Sophia, surprise par l'utilisation de ce terme.

— Oui. C'est-à-dire que l'élévation du niveau d'éducation de la population a un effet indéniable sur le développement économique d'un pays : ça vaut le coup d'investir dans l'éducation si on veut développer un pays. Mais cela ne suffit pas. Il faut bien d'autres choses encore. Par exemple, que la population soit dans le meilleur état de santé possible.

— Pardon papy, mais pour moi, on ne soigne pas les gens pour qu'ils soient productifs mais pour qu'ils aillent mieux. Pour qu'ils se sentent bien.

— Tu as parfaitement raison. À force d'avoir des raisonnements d'économiste, on finit par tout voir à l'aune de la richesse et de la production. Mais la santé est un bien en soi, qu'il faut savoir préserver. Et pour aller dans ton sens, je dirais qu'on devrait tout faire pour que nous soyons tous le mieux soignés possible.

— Ça me paraît évident.

— Sauf qu'autrefois, la qualité des soins était très dépendante de l'argent disponible.

— Je ne comprends pas. Quel peut être le lien entre l'argent disponible et la qualité des soins ? Aujourd'hui, les soins sont gratuits partout dans le monde et globalement la qualité des soins est la même partout.

— Oui, mais autrefois, ce n'était pas du tout le cas. En effet, pour mettre en place un système de soins de qualité, il faut investir énormément d'argent. Seuls les pays les plus riches pouvaient donc se le permettre. Dans les pays les plus pauvres, on n'avait pas les moyens de faire de tels investissements et les populations étaient souvent soignées de façon très rudimentaire.

— Tu veux dire que c'est la quantité d'argent disponible qui déterminait la qualité des soins.

— C'est à peu près ça. Concrètement, pour construire des hôpitaux, importer du matériel médical, former les praticiens de santé et les payer, il faut énormément d'argent. Par conséquent un système de santé de qualité ne peut pas être financé par les impôts préexistants, trop insuffisants. Doit-il pour autant être financé par des emprunts ? D'un point de vue purement productif, le problème est le même que pour l'éducation : on ne sait pas quand ni dans quelle mesure l'amélioration de l'état de santé de la population aura un effet sur la production de richesses. Mais surtout, la santé étant un bien en soi, on a tous intérêt à faire en sorte que le système de santé soit le meilleur possible. En clair, on a tous intérêt à ce que la collectivité consacre suffisamment d'argent au système de santé et à ce qu'elle ne fasse pas d'économies dans ce domaine, pour de purs problèmes de financement. C'est pourquoi la santé doit être financée en fonction des besoins par de la création monétaire publique, jusqu'à ce qu'on atteigne un standard de qualité.

— Ça veut dire quoi ?

— Ça veut dire qu'avec suffisamment d'investissements, à un moment donné, la population se trouve bien soignée, dans des délais raisonnables. Bien entendu, un système de soins de qualité va de pair avec un système de transports et de télécommunications performant qui permet à chacun de se retrouver dans un centre de soins dans un délai raisonnable en cas d'urgence. Une fois encore, sans la création monétaire, il eût été absolument impossible d'offrir à tous les êtres humains une telle qualité de soins. Ou alors, cela aurait pris des centaines d'années. Et encore... Tu vois à quel point une révolution dans les modèles de financement peut avoir des conséquences très concrètes sur la vie quotidienne de tous les êtres humains à la surface de la planète. Car la principale vertu du modèle de financement par création monétaire publique, c'est de rendre possible tout ce qui était impossible autrefois par simple manque d'argent. Nos seules limites sont aujourd'hui réelles : nous ne sommes plus handicapés par des motifs virtuels, comme le manque de monnaie immatérielle. Autrefois, c'est comme si les chiffres commandaient aux hommes : les règles qu'on avait mises en place faisaient que le solde d'un compte permettait ou ne permettait pas d'éduquer la population, de bien la soigner, de créer un système de transports efficace, etc. Résultat : des tas de gens qui auraient voulu travailler se retrouvaient au chômage, alors qu'il y avait tant de choses à faire pour améliorer la qualité de vie de la population. Un exemple encore : l'accès à l'eau potable et les systèmes d'assainissement. Comme tu l'as vu dans le documentaire hier soir, la plupart des bidonvilles en étaient dépourvus. Eh bien là encore, grâce à la création monétaire publique, on a pu créer de nouveaux quartiers et de nouvelles villes avec des logements connectés à l'eau courante et aux réseaux d'assainissement. Mais pourquoi ne pouvait-on pas le faire avant ? D'après toi ?

— Par manque d'argent ?

— Oui. Mais plus précisément. Comment étaient financés les logements ?

— Je ne sais pas.

— Eh bien, soit on empruntait de l'argent auprès d'une banque pour construire ou pour racheter une maison, soit on louait une maison ou un appartement à un propriétaire, soit un promoteur immobilier empruntait de l'argent pour construire un immeuble qu'il revendait ou louait à des particuliers. Dans tous les cas, il fallait un minimum de revenus disponibles pour emprunter de l'argent auprès d'une banque ou payer un loyer mensuel. Les populations les plus pauvres ne pouvaient donc pas avoir accès à ce type de logements. C'est pourquoi, dans les pays les plus riches, on a créé des habitations à loyer modéré, financées par des institutions publiques, comme la Caisse des Dépôts en France, afin que les gens qui vivaient jusque-là dans des bidonvilles puissent accéder à un logement avec l'eau courante, le tout-à-l'égout et l'électricité pour un loyer modéré. Avec en plus la possibilité de toucher des aides au logement. Quoi qu'il en soit, il est évident que pour supprimer les bidonvilles dans les pays les plus pauvres, il était indispensable que la collectivité finance intégralement la construction de nouveaux logements de qualité. Et, avec le pouvoir de création monétaire, elle peut même construire de beaux logements : elle n'est pas obligée de bâtir de vilaines tours comme ce fut le cas en France dans les années 1960 et 1970, où on a concentré les populations les plus pauvres dans les mêmes quartiers. En clair, sans financement public, il n'est pas possible de résoudre le problème du logement des plus pauvres. Le financement bancaire est adapté à des populations qui ont déjà un certain niveau de revenus. Mais totalement inadapté à des populations aux revenus précaires. Par conséquent, pas de suppression possible des bidonvilles sans investissements publics massifs. Et là encore, il est impossible de dire quand et à quel point le fait de reloger les plus pauvres va permettre d'accroître les richesses. D'où la nécessité de financer ces nouveaux logements par de la création monétaire publique.

— Mais le fait d'avoir construit de très nombreux logements a dû créer de très nombreux emplois ?

— Oh oui. Et bien souvent, ce sont les populations les plus pauvres qui ont elles-mêmes été embauchées sur les chantiers de construction de leurs propres logements, ce qui leur a permis d'avoir des revenus réguliers, de payer leurs mensualités et de développer des compétences. De même que la mise en place d'un système de santé de qualité a impliqué l'embauche de très nombreuses personnes. Idem pour le système éducatif. Au final, le développement d'infrastructures de qualité a mobilisé dans la plupart des pays toute la population en âge de travailler, et il a parfois été nécessaire d'abandonner provisoirement certains projets par manque de main-d'œuvre. L'époque du chômage massif qui avait caractérisé la fin du XXe siècle et le début du XXIe est donc une époque révolue. Et désormais, comme la collectivité ne manque jamais d'argent pour réaliser des projets, le problème n'est plus tant le chômage que le manque de personnes compétentes pour réaliser ces projets. Ainsi les problèmes que la collectivité rencontre sont : le manque de ressources naturelles, le manque de main d'œuvre compétente, le manque de temps. Alors il faut faire des choix. Et bien souvent, les collectivités des pays les plus riches choisissent de préserver les ressources naturelles pour les générations à venir et de partager le temps de travail pour avoir un impact minimal sur ces ressources. Mais dans les pays en développement, il reste souvent encore bien des choses à faire afin d'avoir un bon niveau d'éducation, un système de santé de qualité et des infrastructures de transports, de communication, d'assainissement et d'eau de qualité. Alors, pour ce faire, ils font venir des ingénieurs et des formateurs des pays les plus riches, et de très nombreux chantiers font travailler la plus grande partie de la population, jusqu'au jour où, ayant atteint un niveau d'infrastructures satisfaisant, ils peuvent eux aussi choisir de partager le temps de travail et de préserver les ressources naturelles.

— Mais est-ce que le développement économique de tous les pays ne risque pas malgré tout d'épuiser les ressources de la planète ?

— La question est : existe-t-il un niveau de développement auquel on puisse tous accéder sans épuiser les ressources de la planète ? Difficile de le dire. En tout cas, on peut avoir une certitude : si on avait tous vécu comme les Américains au début du siècle, alors la planète aurait été dévastée en quelques années. Mais en choisissant des systèmes de transports plus écologiques que la voiture individuelle à essence, en créant des logements à énergie positive, en reconvertissant toute l'agriculture pour qu'elle soit respectueuse de l'environnement, en changeant notre mode d'alimentation, en modifiant nos activités quotidiennes pour qu'elles soient moins consommatrices de matière épuisable, bref en changeant notre mode de vie, je crois que nous pourrons tous vivre avec une grande qualité de vie de façon durable. Et la création monétaire publique facilite grandement ce changement en permettant de financer tout ce qui peut aider à réduire notre impact négatif sur l'environnement dans tous les domaines.

— Donc, d'après toi, tous les pays peuvent se développer de façon durable ?

— Je le crois. Mais peut-être suis-je excessivement optimiste. Seul l'avenir nous le dira.

ÉPILOGUE

Le lendemain matin, Sophia rejoignit ses grands-parents au petit-déjeuner. Elle les embrassa tendrement et les remercia pour cette semaine si instructive et passionnante. Elle exprima à son grand-père l'admiration qu'elle avait pour tout ce qu'il avait accompli au cours de sa vie. Puis elle s'engouffra dans un véhicule automatisé et écologique qui la conduisit en quelques minutes à peine chez elle, en région parisienne. Là, elle retrouva sa mère, en train de jardiner sur le toit de l'immeuble. Elle sauta dans ses bras et lui dit :

— Tu sais ce que grand-père m'a raconté pendant les vacances ?

— Non, lui dit sa mère, qui était évidemment au courant de ce qui s'était passé, mais qui voulait voir ce que Sophia en avait retenu et comment elle allait lui présenter les choses.

— Il m'a raconté comment, avec ses collègues économistes, ils ont changé le monde en quelques années.

— Ah oui ? Et qu'est-ce qu'ils ont fait ?

— Ils ont interdit le financement des entreprises et des États au moyen de jeux de spéculation. Ils ont supprimé le marché des changes. Et ils ont trouvé le moyen de faire disparaître les bulles immobilières.

— C'est vrai. Ce qui a permis d'éviter toutes les crises financières et économiques que nous connaissions auparavant.

— Ils ont également supprimé la plupart des revenus qui n'étaient pas liés à un travail, tels que l'épargne rémunérée, les loyers, les revenus des actions et des obligations, et qui constituaient la principale source d'enrichissement des plus riches au début du siècle.

— Très juste. Ce qui a permis de réduire fortement les inégalités et de faire en sorte que les revenus soient le plus possible proportionnels aux services que l'on rend à la société, et non au patrimoine que l'on possède déjà.

— Et surtout, ils ont mis en place un système de création et de destruction monétaires qui permet de financer en permanence tous les projets, sans jamais manquer d'argent.

— Tout à fait. D'ailleurs, à ce propos, sais-tu que je fais partie du conseil local de contrôle monétaire ?

— Non. Et tu y fais quoi ?

— Nous sommes chargés de veiller à ce que tous les projets bénéfiques pour la société et respectueux des besoins des générations à venir trouvent un financement, d'une manière ou d'une autre, et nous surveillons le niveau des prix dans notre ville. Si nous observons une augmentation excessive et inquiétante des prix, nous le signalons aux autorités compétentes qui prennent alors des mesures pour détruire de la monnaie.

— C'est génial. Donc tu participes activement au système mis en place par ton père.

— Absolument ! Comme des millions de citoyens à travers le monde. Et ça fonctionne très bien, car chacun se sent responsable de ce nouveau système qui nous a permis de nous libérer de la misère, des crises financières et des inégalités excessives !

— Mais pourquoi cela n'a-t-il pas été fait plus tôt ?

— Parce qu'il fallait au préalable changer totalement notre façon de percevoir la monnaie : il fallait arrêter de la voir comme une matière dont on pouvait manquer pour la considérer plutôt comme un flux magique qui amène les humains à se mettre au service les uns des autres et qui permet aux projets de se réaliser.

— Un peu comme l'eau qui permet à la végétation de croître ?

— Oui. Ou encore comme l'amour que l'on donne à un enfant pour qu'il grandisse et s'épanouisse. Et de même que l'on peut donner et recevoir de l'amour sans limite, de même peut-on désormais créer et détruire de l'argent à volonté de façon à pouvoir financer tous les projets qui permettent d'améliorer la qualité de vie des générations présentes et à venir tout en préservant la biodiversité extraordinaire de notre planète. Et dans chaque décision que nous prenons, que ce soit dans nos achats quotidiens, dans le choix de nos activités ou la sélection des projets financés, nous veillons à prendre soin des générations à venir. Par amour pour nos enfants.

TABLE